音楽の哲学入門

セオドア・グレイシック
源河 亨・木下頌子 訳

慶應義塾大学出版会

音楽の哲学入門　目次

凡例

- 本書は、Theodore Gracyk, *On Music* (Routledge, 2013) の全訳である。誤植と思われるところは原著者の了解を得たうえで訂正して訳出した。
- 原著の（ ）およびダーシは、読みやすさを考慮し、適宜加除修正を加えた。
- 〔 〕はすべて訳者による補足および訳注である。
- 原著のイタリック体による強調は傍点強調で示した。
- 映画や書物のタイトル、音楽のアルバム名を示す際には『 』を、個々の曲や絵画作品を示す場合には《 》を用いた。
- 原著では著者の方針により引用元が明記されていなかったが、翻訳という事情を考慮し、可能な限り引用元の情報を付け加えた。
- 本文および文献で挙げられているもののうち、邦訳のあるものは可能なかぎり付記した。
- 本文中の引用に関して、邦訳がある場合にはそれを参考にし、適宜修正を加えた。

音楽の哲学入門

序文

哲学の目的は何か？――ハエ取り壺のなかのハエに逃げ道を示すことだ。
（ルートヴィヒ・ウィトゲンシュタイン）

音楽はとても重要だと思うけど、なぜ重要なのかを考えるために、ありきたりで使い古された言い回し以上のものが欲しい。この短い本はそうした人に向けたものである。私の発想の出所は、よく引用される次のフリードリヒ・ニーチェの言葉だ。「音楽がなければ人生は過ちである」。ニーチェがこの格言を述べたのは十九世紀後半だが、紀元前四世紀のプロタルコスもすでに同じことを述べている。

本書の始まりとなる第1章では、音楽とは何かという問題を取り上げる。当然、音楽は音だろう。（だが、それほど当然なことだろうか。第1章でみるように、古代や中世の多くの著述家は別の考えを挙げている。）では、音の他には何が必要だろうか。また、音楽がどんなものであれ、それなしには過ちになってしまうのは人間の人生だけなのだろうか。他の章では、ニーチェが正しいかどうかを多方面から検討しよう。音楽がもたらすもののなかに、音楽なしには得られないものはあるのだろうか。もし音楽の代わりになるものがあるなら、音楽なしの人生は過ちだという考えは正しくないことになる。

本書を含む The Thinking in Action シリーズは、専門家でない一般読者を想定したものである。哲学の学位をもっている人であれば、第2章と第3章はとくに目新しくも挑戦的でもないと思うかもしれない。音楽学の修士をもっている人も、そう思うだろう。そうした人には、私がアンドリュー・カニアと共に編集した *The Routledge Companion to Philosophy and Music* を勧めたい。その編集経験は本書に直接結びついた。そのキングコングのような大プロジェクトから学んだことを四万語ほどに凝縮させるため、本書では音楽との関連を考えるトピックを四つに絞った。おおよそ章立てに沿って言えば、芸術、言語、情動、スピリチュアリティである。これらが選ばれたのは、現代の哲学者が興味をもっているからというより、音楽について人々が語るときによく話題にされるという理由からだ。だからといって、本書は「本物の」哲学には至らないというわけではない。むしろ哲学は、絶えず人々の興味を惹き続けているトピックから始まるのである。私の方針は、次のルートヴィヒ・ウィトゲンシュタインの示唆でうまく言い表せるだろう。「哲学者の役目は特定の目的のために記憶を集めることである」。私が本書で示したいのは、音楽に関するいくつかの想定は、かなり広く受け入れられているにもかかわらず、混乱していて誤解を生みやすいものだ、ということである。私たちの音楽の聴き方は、音楽に関する互いに相入れない複数の通俗理解の影響を受けている。それだけでなく、音楽に関する何世紀にもわたる哲学的思索にも影響されている。その結果、音楽に関して私たちが信じていることの多くは、非常に疑わしいものとなってしまっているのだ。再びウィトゲンシュタインの精神にのっとって言うと、本書の目的は、こうした間違いの原因を突き止め、明確にすることで、読者に同じ過ちを繰り返させないことである。そのためには、さまざまな言葉やフレーズが異なる文脈で異なる目的で使われることがあると理解すれば良い場合が多い。また、些細な記述の違いで意味にかなり違いが出てくると気づくことも、明快な理解につながる。記述の違いが重要な違いとなる一例として、第3章では、音楽を「情動を表出するもの〔情動を表に出すもの〕」として記述することと「情動表出的なもの〔情動の印象を与えるもの〕」と記述することの違いを取り上げよう。

ここで、本書が用いる戦略を強調しておこう。第一に、何かしら具体例を挙げるときには、最低でも二つ挙げることにする。ひとつは「ハイ」カルチャーからの例で、もうひとつは「ポピュラー」カルチャーからの例だ。この戦略のポイントは、議論されている事柄が「クラシック」音楽や「芸術」音楽に限った話ではなく、音楽一般にあてはまるという点を読者に注意喚起できることである。第二に、読者には、脚注や参照を使わないという私の決断を受け入れてほしい。引用や言い換えを行なう場合には、著者の名前を挙げて原典を特定できるようにしており、それに対応する項目を巻末の参考文献リストに挙げてある。インターネット検索ができる現代では、最低限の情報からでも簡単に私が引用したものの正確な箇所を探すことができるだろう。〔片仮名で表記した人物名と英語表記の文献リストとの対応がわかりづらいため、本訳書では可能な限り原典の参照を加えることにした。〕

最後に明確にしておきたいが、私は本書で独自の主張を行なってはいない。音楽の本質と価値についての議論は、西洋哲学史の初期から存在している。プラトンもアリストテレスも音楽に興味をもっていた。重要なことに、音楽とは何かについての理論を立てようとする試みは、インドや中国の哲学伝統の初期に遡ることもできる。こうした長い歴史と比べると、私の考えはどうやったって派生的なものでしかない。とくに、音楽に関する私の考察や主張はすべて、次の人たちに多くを負っている。スティーヴン・デイヴィス、キャスリーン・ヒギンズ、ピーター・キヴィー、リー・B・ブラウン、マルコム・バッド、ジェネファー・ロビンソン、ロバート・ステッカー。また折に触れ、次の人たちと仕事上の付き合いや個人的な交流の機会があったおかげで、考えをより深めることができた。ジョエル・ルディノー、クリスピン・サートウェル、アレックス・ニール、ジャネット・ビックネル、シンシア・グランド、スタン・ゴッドロビッチ、デニス・ダットン、アンドリュー・カニア、タイガー・ロホルト。さらに、スティーヴン・デイヴィスとアンドリュー・カニアは、完成間近だった草稿を読み、本書をより良くするための非常に有益なアドバイスをくれた。また、本書の執筆を勧めてくれたラウトレッジ社のアンドリュー・ベックにとても感謝している。

本書の概要

音楽はすべて芸術なのだろうか。私は「そうだ」と主張する。第1章では、何が音楽を芸術にしているのかを検討しよう。この論点は、音楽の分析を始める出発点として一番わかりやすいものではないかもしれない。だが、そこから始めることで、音楽の本質的なあり方について意見が分かれている複数の見解を対比させることができるようになる。音楽は音楽的に組織化された音の集まり以上のものであることを示すため、この章では、鳴き鳥は音楽を生み出しているわけではないという主張をめぐる議論を取り上げる。鳥の歌が音楽ではない理由は、現代の音楽概念からすれば「天球の音楽」が音楽ではないのと同じである〔「天球の音楽」については二五頁を参照〕。一般的な「文化」の定義からすれば、鳥の歌や天球の音楽には、音楽に芸術という地位を与えている文化的側面がないのだ。

第2章の基本となる考えは、どの曲も音楽のスタイルによって、歴史的影響と作曲上の選択から成るネットワークに埋め込まれる、というものだ。器楽音楽のなかには、「純粋」音楽であるという理由から特別だとみなされるものが非常に多くある。純粋音楽とは、音楽外の考えを何も持ち込まずに理解・鑑賞されるべき音楽とされているものだ。とはいえ、十分な理解を伴う聴取には、適切な概念的ガイドラインを与えてくれる言語の獲得が必要となる。だが、音楽の聴取には耳に触れる以上のものが必要になると一度認めてしまうと、ある種の音楽を前述の意味で「純粋」なものとして特別視する理由がなくなってしまうだろう。

第3章では、音楽は本質的に情動の表出と結びついているという、よく言われる見解を取り上げる。この章では音楽による表出についての理論をいくつか検討し、それらはどれも、すべての音楽に当てはまる理論ではないと主張する。

第4章では、音楽はスピリチュアルな洞察を与えるという、多くの人が確信している考えを検討する。そこでは、アルトゥル・ショーペンハウアーのいくつかの見解を検討したうえで、彼の見解は私がこれまでの章で述べてきた立場と両立しないと主張する。ショーペンハウアーの見解は、概念の押しつけが美的反応の邪魔になるという間違った考えの一種なのだ。さらに本章では、あまり注目されていない次の可能性を指摘したい。それは、崇高さという美的性質が、音楽を通してスピリチュアルな洞察を得るための手段になる、というものだ。

第1章　耳に触れる以上のもの――音楽と芸術

さようなら！　おまえの悲しい歌声は
近くの牧草地を通り過ぎ、静かな小川を越え、
丘のほうに上がっていった。今では次の谷間に
深く埋もれてしまっている。
あれは寝てみる夢だったのか、それとも白日夢だったのか？
音楽は消えてしまった。僕は目覚めているのか？　眠っているのか？
（ジョン・キーツ「ナイチンゲールによせるオード」中村健二訳
『キーツ詩集』岩波文庫、二〇一六年）

本書は、音楽とは何であるかを哲学的に検討する。より詳しく言えば、音楽が芸術であることに起因するいくつかの難題を取り扱う。最初に次の問題を考えてみよう。人間の脳には音楽を経験／生産するための仕組みが備わっているように思われるが、他方で、脳に備わった仕組みによって可能になる活動――たとえば、食事、睡眠、呼吸など――は、動物的な反応とみなされがちだ。そして、そうした活動は芸術とは正反対のものに思える。もしマイルス・デイヴィスのアルバム『カインド・オブ・ブルー』が、彼が演奏するトランペットの音ではなく、彼の呼吸音を録音したものだったとしたら、それを芸術的な偉業とみなせるだろうか。

脳に備わった仕組みに基づく活動は誰にでも可能だが、ひょっとすると、その活動が多くの人には

不可能なほど並外れて素晴らしいものである場合、それは芸術になるのかもしれない。たとえば、『カインド・オブ・ブルー』は、タージ・マハルが芸術作品であるのと同じ理由で芸術であるかもしれない。世界中にある大半のありきたりな建物と比べると、タージ・マハルは目をみはる傑作である。「芸術」をこのように評価的な意味で使うなら、人間の活動の所産のうちで芸術のレベルに達しているものはわずかしかない。たとえば、私の家の冷蔵庫には子供が学校で描いた絵がいくつか飾ってあるが、それらは評価的な意味では芸術ではない。それに対し、シカゴ美術館に展示されているジョルジュ・スーラの《グランド・ジャット島の日曜日の午後》は芸術作品である。またこの基準では、シカゴ美術館から三ブロック離れたところにあるエクスチェッカー・パブのピザも、主な宅配ピザチェーンで提供されているピザとの比較で、芸術ということになる。しかし注意すべきだが、比較による基準を設けること自体にも問題がある。というのも、もし標準を超えた音楽だけが芸術だとすると、芸術である音楽の数は非常に少ないと言わざるをえなくなるからだ。だが私には、この考えは間違っているように思われる。『カインド・オブ・ブルー』も、文楽の三味線の伴奏も、商業用ビデオゲームのサウンドトラックも、音楽はすべて芸術だと思われるのだ。

ではどちらが正しいのだろうか。芸術としての音楽は、つまらないものから立派なものまで幅はあるものの、誰でもやっている普通の活動だと考えるべきなのだろうか。民謡《ゆかいな牧場》も、オリヴィエ・メシアンの《世の終わりのための四重奏曲》も、携帯電話にダウンロードされた着信音も、北インドの古典であるラーガの曲で最上級に難しいマルワも、音楽はすべて芸術だと考えるべきなのか。しかし、この考えは寛容すぎるように思えるかもしれない。もしそうなら、芸術的な音楽とそうでない音楽を分ける違いを探す必要が出てくるかもしれない。本章では、こうした対立する見解を検討する。私自身は、かなり寛容な基準を採用すべきだと思っている。

1　鳥の歌

哲学者は問題に側面から取り組むことが多い。ときに哲学者は、問題を直接取り上げるのではなく、関連する中立的なトピックの検討を通して、物事を明確にしたり、重要な区別を見出したりする。そのうえで、そうした考察が問題となるメインのトピックにどう適用できるかを検討するのだ。たとえば、ソクラテスは徳に関して議論する際に、さまざまな種類の蜂について考えてみるよう促している。こうした手法にのっとり、ここでは鳥について考えることで音楽に関する議論を行ないたい。手始めに、ガンとサヨナキドリ〔ナイチンゲール〕を考えてみよう。

私が生まれ育った太平洋の近くには、カモメはたくさんいたが、ガンはいなかった。大人になって北米の中心近くに引っ越し、それから三〇年近く経ったが、今でも私の目には毎年のハクガンの渡りが新鮮に映っている。妻も私も、流れる帯のようなガンの群れが、うねりながら空を横切る様子を見ると、とても喜ばしい気持ちになる。群れの姿が見える前には、ハクガンの特徴的な鳴き声がすることが多く、私たちはそれを聴いて空を見上げる。秋の紅葉や春の新緑と同じく、ハクガンの鳴き声も、季節の移り変わりを告げる自然の風物詩なのだ。

なぜガンは鳴くのだろうか。私はつねづね、ガンは仲間同士で「会話している」と思っている。もちろん本物の会話ではない。つまり、言語を使い、語彙を文法規則にのっとって組み合わせることで、複雑な考えを伝えようとしているわけではない。ガンは仲間に「昨日の夕食は良かったね」と言っていると考える理由はないだろう。それでもやはり、ガンたちは音を使って互いにコミュニケーションをとっている。音は使っているが言語は使っていないという点と関連するが、私の考えでは、ガンは決して歌うものではなく、音楽を作るものでもない。この点でガンは、カラスやフクロウに似ている。そして、これらの鳥と、サヨナキドリをはじめとする「鳴き鳥」には大きな違いがある。（皮肉なことに、デジタル音源を再生するソフトの名前に「ソングバード〔鳴き鳥〕」や「ナイチンゲール」はあるが、私が調べた限り「ガン」や「フクロウ」はない。）だが、私の家の裏庭にある松の止まり木にたまに来るアメリカワシミミズクが出すホーホー声、甲高い鳴き声、「さえずり」が歌ではないと言うのは、ただの文化的偏見かもしれない。というのも、中世では多くの物書きがフクロウの歌のシンプルさと荘厳さを褒め称え、人間の歌はフクロウの歌を手本にすべきだと聖職者に勧めていたからだ。とくに、フクロウのホーホー声は、二種のサヨナキドリの派手でつまらない歌い方よりも、人間の歌い方の良い手本になると推薦されていたのである。

フクロウやガンは歌うのかという問題の何が大事なのだろうか。十九世紀までのヨーロッパ文化では、歌うことが音楽制作のひとつの典型とみなされていた。歌があればそこに音楽がある。そうすると、もしフクロウやサヨナキドリが歌えるなら、そうした鳥は音楽を作っていることになり、音楽を作れる動物はホモ・サピエンスだけではないということになるだろう。だが残念なことに、この考えには欠点がある。鳥の歌が音楽であるなら、音楽制作はとくに人間らしいことではなくなる。音楽制作は、何かを見たり、物を食べたり、関節炎を発症したりするのと同じく（これら三つは私の家の年老いたラブラドールレトリーバーにもみられる）、人間に特有のものではなくなってしまうのだ。歌う鳥がいるとすると、人間が音楽を作るのは、いくらか存在する音楽的動物の一種だからということになるだろう。それだけでなく、音楽はすべて芸術だという考えは誤っているという帰結が導かれてしまう。だが、私にはこの帰結は受け入れがたい。そのためこれから私は、鳥は歌わない、もしくは鳥は音楽を作らない――少なくとも、人間に特徴的な「歌」や「音楽」は作らない――と主張する（ただし、クジラが歌うかどうかについては保留する）。

ガンやカラスが音楽的動物であることを否定するのは簡単だが、サヨナキドリ〔ナイチンゲール〕は歌を歌うという考えは非常に古くからある。たとえば、ヘシオドスが解説した最も古いイソップ寓話に登場するタカは、サヨナキドリを歌手と言い表している。また、十九世紀のヨーロッパで最も有名な歌手であったジェニー・リンドは「スウェーデンのナイチンゲール」と呼ばれていた（お金を払って「スウェーデンのガン」や「スウェーデンのフクロウ」を聴きたい人はいるだろうか）。その百年あとの一九四〇年の秋には、ヴェラ・リンが録音した《バークリー・スクエアのナイチンゲール》がイギリス中で聴かれていた。当時、ロンドンなどのイギリスの都市ではドイツ空軍による大量爆撃作戦が展開されており、イギリス市民は毎朝、前夜の破壊の様子を耳にしていた。近隣一帯と住民に愛されていたロンドンの名所が破壊された結果、リッツでの食事やメイフェアが歌詞に登場する《バークリー・スクエアのナイチンゲール》は、ドイツが破壊したものを呼び起こさせる役割を果たすことになったのだ。戦後、この曲はジャズのちょっとした定番になり、二十一世紀でも、ロッド・スチュワートというブルースロックの歌手が囁くようなクルーナー唱法でカバーしたものが聴かれ続けている。
オスのサヨナキドリは歌うので、常識的な考えからすると、音楽を作れる鳥が存在することになる。しかし、「常識」には文化的な偏見が組み込まれていることが非常に多い。確かに鳴き鳥は音楽を作るという常識はあるが、それとは反対に、音楽は耳に触れる以上のものだと主張する伝統も同じくらい古くからある。プラトンが対比させた生成の世界と存在の世界のように、哲学では遥か昔から、人が知覚するものと実際に存在するものが区別されてきた。上手なマジシャンは起こっていない出来事を起こったかのように見せることができる。たとえば、ゾウは同じ場所に居続けるのに、あたかも消えたようにみせかける。また、熱波は水たまりの光学的錯視〔逃げ水〕を生じさせる。これと同じように、音楽ではないが音楽のように聴こえるものがあるかもしれない。音楽の哲学は古代や中世で熱心に議論されており、十一世紀のグイード・ダレッツォが挙げた次の有名な基準がよく引き合いに出されていた〔Guido of Arezzo 1999〕。

音楽家と歌手には大きな違いがある。
歌手は音楽を作り上げているものを喋っているが、
音楽家はそれを理解している。
自分が何をしているかを理解していないものは、言うなれば獣だ。

騒がしい声のガンやホーホー言うフクロウと同じく、サヨナキドリも、物事を理性的に理解できない獣である。そうすると、サヨナキドリの歌は音楽ではないことになるだろう。私はこうした考えをアップデートさせ、鳴き鳥の歌は、音楽的に聴こえるが音楽ではないと主張する。そのあと、この違いから人間の音楽制作に関して導かれる帰結を明らかにしよう。

2　音楽であるもの／音楽的なもの

ジャン＝フィリップ・ラモーの主張〔Rameau 1967〕に反し、音楽に関して人の耳が下す判断がいつも正しいとは限らない。サヨナキドリの歌はかなり音楽的に聴こえるが、音楽的なものはすべて音楽であると考えるのは正しくない。次のアナロジーを考えてみよう。私はときどき、あの人の行動は「豚っぽい」と思うことがある。人を豚に見立てるのが私だけでないことの証拠に、ジョージ・ハリスンは《ピッギーズ》という愉快な曲を書いている。豚っぽい人のちょっとした例としては、他の人が二皿目のデザートを食べ終わる前に三皿目を注文するディナー客などがそうだろう。だが、そうした人が「豚っぽい」と言われるからといって、その人が本当にブタという生物種（学名：スース・スクローファ・ドメスティクス）に属すると考えるのは間違っている。それと同様に、音楽的なものと音楽であるものは区別できる。

たとえばリズムを考えてみよう。リズムはほとんどの音楽の核にある特徴だ。リズムの定義は、〈一定の拍のなかで繰り返される強調点のパターン〉である。とはいえ、人間の聴覚を調べたいくつかの実験では、拍が規則的に刻まれていれば、人はリズムを浮かび上がらせて知覚する傾向にあることが示されている。一定の音量で規則的な拍を刻む機械の音――たとえばラチェット歯車が出すカチッカチッという音――は、たとえ強調パターンがなくとも、二つないし三つずつの規則的まとまりとして知覚される。このように、強調パターンが存在しないにもかかわらず存在するかのように聴こえてしまう傾向は、人間は与えられたデータを否が応にもまとめてしまうという興味深い事実を示している。しかし、人にはまとまりを作ってしまう心理的傾向が備わっており、そのために実際には存在しないものを聴いてしまうとしても、そのことは、ラチェット歯車の音にリズムがあると結論する理由にはならない。この点を理解するためには、視覚にも同様の傾向が備わっているのをみるのがいいだろう。たとえば、黒・青緑・黄の縞模様を三〇秒ほど見つめた後で、まっさらな白紙を見てみよう。すると、白・赤・青の残像が見えるはずだ。うまくいけば、自分に「見えている」ものは実際にはそこにないと気づけるだろう。この方向で考えて行くと次のように言うことができる。鳥のさえずりが歌のように聴こえる心理的傾向があることは、サヨナキドリが「歌う」ときに歌が存在していることの証拠にはならないのである。

鳥類学者によると、鳥の歌には、鳥が行なう他のコミュニケーションにはない二つの特徴が備わっている。第一に、鳥の歌は自分がすでに占拠している縄張りを示すため、第二に、自分が素晴らしい繁殖相手である証拠を示すために使われるのだ。だが、人間のコミュニケーションにも同じことがあるように、ありきたりの作業に音楽的特徴が加わると、その作業は特別なものとなる。では、そうした音楽的特徴とは何か。当然のことだが、「歌」とは、時間を通じて展開される、明確なピッチをもった一連の音から成るものである。簡単に言えば、歌にはメロディがある。鳴き鳥も、種類が違えばメロディが異なる。鳥種が違えば、ピッチをもった音のパターンが異なるのだ。また、鳥は別の音楽的パラメータも用いている。リズムと音色だ。鳥種ごとに好きなテンポが違っているし、鳥種が違えば生み出される音色（音質）が異なる。ピッチとリズムは別として、モリツグミが発するフルートのような音質はガンには出せない。熱心な鳥類愛好家たちが撮影した数えきれないほどの動画がインターネット上にあがっているので、そこにアクセスすれば誰でも鳥の「音楽」のサンプルを聴くことができるだろう。いくらか注意深く聴いたあとでは、たいていの人はモリツグミとムナジロミソサザイの歌を区別できるはずだ。両者は、ゆっくりとしたバロック調のフルートソロと、素早いケイジャン・フィドルの一節くらい違っている。もちろん、鳥種が同じでも個体によって歌に違いがある。それは、J・S・バッハの《ゴルトベルク変奏曲》の演奏がグレン・グールドとマレイ・ペライアで違っていたり、ロッド・スチュワートとヴェラ・リンの《バークリー・スクエアのナイチンゲール》が違っていたりするのと同じだ。

鳥がなぜ歌うのかに関して鳥類学者が書いたものをいくつか読んだあと、私は鳥の歌を数時間ほど聴いてみた。とくに集中して聴いたのは、鳥好きから高く評価されているヒバリやヤドリツグミの歌である。それらを聴いてわかったのは、多くの鳥が生み出すリズムやピッチは否定しがたいほどに音楽的であるということだ。人間と同じく鳴き鳥も、同じ音色の音をピッチか持続時間（またはその両方）で区別できるように生み出す能力をもっている。そうした能力はガンにもあるのだが、ガンの声は音楽的には聴こえない。サヨナキドリやヒバリは、ガンができないことをやっている。つまり、さまざまな周波数をもった一連の音を、メロディに聴こえる特徴的なパターンで並べることができるのだ。

このようにサヨナキドリは「メロディ」を生み出すが、だからといって音楽を作っているということにはならない。というのも、共通要素がいくらかある二つのものが同じものであるとは限らないからだ。〔そのため、音楽かどうか判定するためには〕すべての音楽に共通の特徴をみつけるだけでなく、そうした特徴の組み合わせをもつのは音楽だけなのかを考える必要がある。ここで、鳥の「歌」は音楽だという主張の中心問題が明らかになる。ここまで挙げてきた特徴（ピッチ、リズム、音色）の操作は、人が行なう音楽ではない発声にもみられる。たとえば、語尾のピッチをあげると疑問文になる。例として、ウィリアム・シェイクスピアの《ソネット十八番》の冒頭二行を音読するときの違いに注意してみよう。

Shall I compare thee to a summer's day?
Thou art more lovely and more temperate
〔きみを夏の一日にくらべたらどうだろう。
きみはもっと美しくて、もっとおだやかだ。
シェイクスピア『ソネット集』高松雄一訳、岩波文庫、一九八六年〕

次に、二行目に疑問符を加えて大きな声で二回読み上げてみてほしい。すると、独特のリズムで同じピッチのパターンを繰り返す一連の音になるはずだ。このとき確かに音楽的なものが成立しているが、疑問文を組み合わせた詩は音楽ではない。しかし、サヨナキドリの歌が音楽であるとすれば、こうした詩も同じ理由で音楽だということになってしまう。

とはいえ、シェイクスピアの《ソネット十八番》の冒頭は例としては確かに弱い。というのも、詩も場合によっては音楽に分類されるからだ。しかし、何気ないたくさんの発話をみれば、音楽と共通の特徴を少しもつからといって、音楽的なものが音楽になるわけではない、という主張を強められるだろう。いくつかの言語には、ピッチが違って発音されれば他は同じでも異なる語となるものがある。さらに、発話は特定のリズムをもっていることが多い。スウェーデン語などには歌のようなイントネーションがあるし、中国の官話〔官吏の公用語〕のようにピッチに応じて語が変わる言語もある。これらをみれば、サヨナキドリの歌を音楽らしくしている特徴をすべて備えた話し言葉があるとわかるはずだ。たとえば、スウェーデンの女性が子供を寝かしつけるためにした読み聞かせを聴いた私は、彼女がかなりゆっくりとした歌を歌っていると勘違いするかもしれない。しかし、それを聴いて私が受けた素朴な印象だけでは、彼女が音楽を作っているかどうかは判定できない。それを判定するためには、その文化に慣れ親しんだ人に尋ねる必要がある。ストックホルムや北京の住人は各々の言語での発話と歌とを区別しているので、〈リズムをもつピッチの変動パターンとして並べられた複数の音〉では、音楽の定義として不十分なのである。

リズムをもつメロディパターンのすべてが音楽とみなされるわけではないが、リズムや周波数が音楽経験の前文化的な基盤であることは否定できない。それらを知覚することで、自分の周りの環境で生じた客観的に秩序だった規則的運動が知覚される。そうした運動が空気に規則性を生み出すと、周波数をもった音やリズムが聴こえるのだ。(人間には標準的とみなされる可聴範囲がある一方で、個々人や年齢で聴力に差はある。とはいえ、規則性があるとリズムや音が聴こえるという点に変わりはない。)もちろん、音楽的なものと関わるための方法は聴取だけではない。リズムは肌でも感じられる。だからこそ、耳が聴こえないエヴェリン・グレニーも、プロの名パーカッショニストになっているのだ。

運動と音とのこうした関係から興味深いパズルが出てくる。古代ギリシャ人は、特定の物理的な運動と聴取される特定の音とが相関していると知っていた。そうした発見として最も有名なのは、二千五百年ほど前におそらくピタゴラスが見つけたものだろう。ある長さの弦を弾いたときの音と、その半分の長さの弦を弾いたときの音、そして、その倍の長さの弦を弾いたときの音は、ピッチは同じだが、どちらも一オクターブ離れている。あるいは、ピアノの白鍵をどれでもいいから押してみて、そこから七つ右または左の白鍵を押してみよう。両者のあいだにあったどの鍵を押したときの音とも違い、その二つは同じ音だとすぐわかるはずだ。それがオクターブであり、そこで同じ音が再び現れるのである。オクターブと、その周辺のピッチが並ぶ構造を聴き分けられるのは、人間だけでない。多くの種類の鳥もそれを聴き分けられる。この点は鳥の発声が歌に聴こえる理由のひとつだろう。だが、あくまでも理由のひとつでしかない。というのも、犬もオクターブを聴き分けられるが、犬が音楽的な吠え声や遠吠えを発する能力をもっているようには思えないからだ。

ピタゴラス信奉者によると、どの規則的な運動も、運動の波のリズムが同期するかどうかに応じて、互いに自然に調和するか不協和になるかが決まる。すると、ピタゴラス信奉者および後の多くの思想家にとって、規則的で同期した運動が存在すれば、そこには音楽が存在しているということは、当然の帰結なのだ。音楽は必ずしも聴かれるものである必要はない。惑星や星々に秩序だった運動をみた思想家は、聴かれることのない調和した天球の音楽があると考えた。天球とは、何もない空で惑星などの星々を支える役目を果たす目に見えない球体である。天には目に見えない球面があると信じられていたことを踏まえると、聴かれていない音楽というのは、想像の拡大解釈だとは言い切れない。この伝統では、楽音は世界に存在するすべての音楽のうちの一部分でしかないとされていた。たとえば六世紀初頭のボエティウスは、楽器と声により生み出される音楽をムジカ・インストゥルメンターリスと呼び、それは四種類ある音楽のうちの一種にすぎないと教えていた〔Boethius 1989〕。天の音楽ムジカ・ムンダーナを含む残り三種は、聴かれないものである。

　人に聴こえるハーモニーは運動がもつ客観的な同期構造で説明され、また、不協和は数学的不均衡によって説明されると認めても、同期とハーモニーを同一視したり、不協和の度合いと不均衡の度合いを同一視したりする必要はない。たとえばピーター・ファン＝デル＝マーヴェは、短七度《マイナーセブンス》は短三度《マイナーサード》よりも不協和に聴こえるが「厳密な音響の観点からすれば両者は同じくらい不協和だ」と述べている〔Van der Merwe 2005〕。他方で、ピタゴラスの伝統にしたがうと、人の耳は何が適切な音楽かを判定するものではなく、誤って短三度の方が不協和でないように聴こえてしまっているということになるだろう。

　音は音楽のひとつの目印でしかないという考えは、私は同意できないが、ヨーロッパに多大な影響を与えた。簡単な例を挙げれば、本来的に安定していない増四度や減五度の音程は、西洋音楽ではほぼ禁止されていた〔典型例はキーがCのときのFシャープ〕。他方で、作曲者が曲で悪魔を暗示しようという場合には、聴衆を当惑させるために三全音の音程〔増四度あるいは減五度に相当する全音三つ分の音程〕が使われることがあった。そのため、三全音が使われている非西洋の民俗音楽は、不協和でありつつ悪魔を暗示するという二重の意味で、問題だとみなされるようになったのである。ブルースが「悪魔の音楽」と評されたのは、もともと「音楽のなかの悪魔」と呼ばれていた音程が使われていたからなのかもしれない。しかし、ブルースが広まった結果、「問題」だった音程は、今ではまったく自然に聴こえる。ブルースの普及から半世紀が経った現在、『ウエスト・サイド物語』の《マリア》に出てくるこの音程を聴いて、悪魔的だと思う人がいるだろうか。むしろ、この不協和音程に反対していた昔の考えが非常に奇妙に思えるだろう。十七世紀初頭にマラン・メルセンヌが述べているように、数学的比率と音楽的な調和性はほとんど一致していないのである〔Mersenne 1636〕。

エリック・クラプトンのギターや『ウエスト・サイド物語』は現代人にとって耳障りでないが、この点からピタゴラス流の伝統を否定するのは、正直なところ、あげ足取りだ。この伝統を真剣に信じている人からすれば、むしろ現代人は音楽の趣味が悪く、未成熟であるように思えるだろう。調和のとれた運動と音楽とを同一視するピタゴラス流の考えは、実践ではなく理論に基づいているので、現代人は趣味が悪いという主張に応答するためにも、理論が必要となる。応答の手がかりとして、色と光波の対応関係について考えてみよう。人間の眼の感度は「可視光」と呼ばれる狭い範囲の波長にしか反応できない。標準的な視覚では、六三〇から六五〇ナノメートルの波長の光を眼が受け取った場合、特定の赤さが知覚される。波長の長さがそれ以下の場合には別の色が見える。こうした事実に基づき思考実験をやってみよう。たとえば、何らかの環境災害が起こったため、人は五〇〇ナノメートルを超える波長の光では色が見えなくなってしまったとする。この思考実験は突飛なものではない。実際に、四四五ナノメートルあたりの波長にだけ特別感度が弱く、藍から青や紫までを区別できない人はたくさんいる。他方で、このあたりの波長スペクトラムに非常に敏感で、藍を他から区別して見ることができる人もいくらかいる。そうした人は、たいていの人が橙《だいだい》を赤や黄色から区別できるように、藍と他の色を区別できるのだ。私の思考実験はこの事実を拡張したものである。すべての人が、黄、橙、赤のスペクトラムとして知覚される波長への感度を失ったとしよう。そうした色を誰も見られなくなった世界で、パリのオルセー美術館は、アンリ・ファンタン゠ラトゥールの静物画に描かれた桃やオレンジやバラがもつ、もはや誰も見えない色の微妙な相互作用を来客が鑑賞できるように、光度計を一揃え用意するだろうか。この例を考えると、見えない色などまったくもって色ではないという考えに同意できるのではないかと思われる。十九世紀フランスの絵画は、目に見える色を〔効果的に〕提示する方法に基づいて描かれている。もしファンタン゠ラトゥールの絵画の色が見えないなら、その絵画は鉛筆によるスケッチと大差がないかもしれない。ここで、絵画は見える芸術だが音楽は聴こえる芸術ではないと主張するために、音波は光波よりも千年も前には発見されていたという歴史的特殊性を引き合いにだす人がいるかもしれない。だが、それは役に立たない。主な芸術形式は、感性的《ユステティック》なもの、つまり、知覚可能なものの領域に根ざしている。私の関心は芸術としての音楽にあるので、赤い火星の周りを旋回する衛星が「音楽」を奏でるという主張は、私には隠喩にすぎないように思われる。私の目的は芸術とみなされる音楽を特徴づけることなので、曲を実際に聴く前から『ウエスト・サイド物語』に出てくる増四度はラブソングにふさわしくないと言うつもりはない。耳が下す判断が常に正しいとは限らないが、音の芸術を問題にしている限り、その判断はまったく無関係ではないのだ。

3 「芸術」に関して

しかし、現代の大学では、音の芸術に言及するのは無駄だという考えが浸透している。私に対する反論のひとつとして、私のプロジェクトは物事をありのままに記述したものにはなりえない〔関心や規範が入り込んでしまっている〕というものがある。なぜなら、吟味して説明されるべき中立的な事実がないからだ。「芸術《アート》」はヨーロッパ由来の文化的カテゴリーであり、他の文化圏ではそれに相当する概念が培われていない。そのため、「〔西洋人である〕われわれの音楽芸術」が世界中にみられると考えるのは、西洋文化の押し付けか、許しがたいヨーロッパ中心主義である。そんななか私は、西洋音楽にも非西洋音楽にも当てはまる音楽の特徴をみつけようとしている。そのため、私のプロジェクトは一定の規範を含んだものになっているというのである。この反論には応答しなければならない。

確かに、ピタゴラスの伝統にとらわれたヨーロッパ人が受け入れている音楽の定義は、別の文化の音楽の理解と合致するものではない。しかしだからといって、音楽はヨーロッパにしかないということになるだろうか。さらにそこから、古代のサンスクリット祈禱歌を音楽に分類するのがヨーロッパ中心主義になるのだろうか。そうはならない。同様に、芸術を美的な達成と結びつけることに関してヨーロッパに独特の主義主張があるからといって、ナイジェリアのヨルバ人の彫刻家や漢王朝時代の中国の詩人は自分たちの芸術がもつ美的効果に関心がないとみなす理由にはならないのである。

いくぶん伝統的な立場を推し進め、音楽的なデザインが美的な基準にしたがっている場合には、芸術が作られたと考えよう。ただし、その基準は時代や地域ごとに異なると認めてよい。このように理解すると、美的な側面と結びついた芸術という概念は、西洋に特有のものではなくなる。マーク・ベナモウはジャワ島に住みつつ、現地の音楽を専門とするミュージシャンにインタビューしたり、ジャワ音楽に関する歴史的記録を研究したりしているが、彼は次のように結論している。「大半が労働者階級出身のミュージシャンたちは、ジャワ島に住む他の誰よりも音楽がもつ美的性質に熱中している」〔Benamou 2010〕。ここで、美的反応は普遍的なものだという考えを疑う人は、ベナモウの報告が〔普遍性を示す例として〕妥当であることを否定するために、〔ジャワ島の〕ガムラン集団演奏の音楽伝統は文化的に高度な活動だと言うかもしれない。つまり、音楽の美しさや美的側面に対する関心は「非常にジャワ的」であり、そのことは、ジャワ島の文化に高度な芸術的伝統が存在していることを示しているにすぎないと言うかもしれないのだ。しかし、疑念をもつ人のこうした議論では、美的なものとハイアートが同一視されており、そしてそれは現地調査で否定されたことである。また、それと一致する興味深い別の研究もある。デニス・ダットンとエレン・ディサナヤケは、どちらもインドとパプアニューギニアに住み、それぞれの社会のさまざまなレベルで芸術実践を調査していたが、二人ともそれぞれ独自に次のような結論を下している〔Dutton 2009, Dissanayake 1988〕。「芸術」を最上級に高尚なものとみなさなければ、つまり、芸術をファインアートや「大文字のアート」と同一視しなければ、重要なパターンがみえてくる。それは、さまざまな文化の人々が自分の作ったものについて語っていることに注目すると、文化ごとの違いはあるものの、明らかにどの部族・社会も美的な達成に価値をおく特別な活動領域を認めている、というものである。人間はつねづね自分の行ないを芸術とそれ以外に分けているのだ（人類学でも、アルフレッド・ジェルが同じことを指摘している〔Gell 1992〕）。これに関連する所見として、どの人間集団にも音楽を指すための特別な語がある、または、音楽とダンスの両方を含むより広いカテゴリーの語があり、音楽はいつもそのカテゴリーに入る傾向にある、という点が挙げられるだろう。ここから導かれる論点をさらに検討すれば、芸術の包括的な理解が得られ、さらにそこから、音楽は本質的に芸術であると言うための良い理由が与えられると思われる。その結果として、鳥の歌は音楽的ではあるが芸術としての音楽ではないという結論も導けるだろう。

4 音楽と文化

鳥の歌は、音楽的であるという意味でなら、音楽と認めてよいだろう。だが一方で、現代的な意味での「音楽」からすると、音楽的であるだけでは音楽にならない。本節では、私が提示したこの区別が真っ当なものである理由を説明しよう。両者の違いは何か。鳥の歌に足りないものは何なのだろうか。

アナロジーを使って考えてみよう。『トップ・ギア』という車を取り上げるイギリスのテレビ番組が好きな友人がいるとする。とくに彼は、ランボルギーニ・ムルシエラゴというスポーツカーを扱った放送回が好きでたまらない。しかし、それを数分ほどみた私は「それは車道を速く走るだけの金属・ガラス・プラスチックの二トンの塊じゃないか。何がそんなにいいのか」と彼に冷水をかけたとしよう。確かに私の言い分も文字通りには正しいが、ムルシエラゴは単なる二トンの塊ではない。それを鑑賞するためには、他のスポーツカーとの違いを認識できる必要がある。ムルシエラゴの熱狂的ファンは、その独特のデザインを強調して私に反論するだろう。その反論は完全に正しい。低い車高やユニークなドアといったかなり明白なもの以外にも、その車には独特の特徴がある。また、十分な見識を伴う鑑賞は、それがランボルギーニだという事実からの影響を受ける。ムルシエラゴにはカーデザイン企業の歴史が反映されており、その歴史自体も、イタリアの設計工学やデザインがもつ独特な伝統の現れである。つまり、凄く速い乗り物という機能の点でムルシエラゴを称賛しなくとも、その車がより広い一般的な文化的伝統のなかで特定の文化的探究を体現していることは認識すべきなのだ。その車は単に速く走るものではない。特定の文化的伝統を体現しているのである。

まったく同じことが音楽にも言える。ムルシエラゴと同じく、音楽のパフォーマンスも文化を体現しているのである。重要なのは、音楽は芸術であるが鳥の歌は芸術でない理由がここにあることだ。とはいえ焦りは禁物。この議論をきちんと打ち立てるには少々時間がかかる。この議論は、文化をどう考えるかに関して、特定の立場を前提としている。人間と同じく鳥たちも複雑な社会関係を築いており、鳥の発声は社会的交流のなかで重要な役割を担っている。しかし、文化的交流は社会的交流を超えた非常に多くのものを含んでいるのだ。

ここで、「クラシック音楽」の講義を履修した大学生を考えてみよう。その講義では、バロック期から二〇世紀初頭までの音楽が概説される。初日の講義の冒頭、講師は、ムスティスラフ・ロストロポーヴィチが演奏したバッハの《無伴奏チェロ組曲第一番》のプレリュードを流した。それは二分程度のチェロの独奏曲である。それを聴いた学生のなかには、誰かが大きい弦楽器を弾いているだけじゃないか、と退屈する人もいるかもしれない（バッハの別の曲についてネット上で本当にこういう反応が投稿されていた）。この講義の目的のひとつは、そうした学生に対して、組織化された二分間の音が体現している文化的契機に耳を傾ける方法を教えることである。私が〔その目的のために〕思いつく例は二つあるが、両者の文化的契機は異なっている。

ヨーゼフ・ハイドンは、オーストリア帝国の小貴族エステルハージ家に雇われていた時期に作曲家として認められるようになった。一七三二年に生まれたハイドンは、カペルマイスターという役職についていた。カペルマイスターの文字通りの意味は「教会の長」ないし宗教音楽の指揮者だが、実際のところその地位の人は音楽の総監督であった。彼はレッスンや作曲も行ない、大小二つの楽団を指揮していた。そのときのエステルハージ家は、夏の時期を東部オーストリアで過ごし、後年は西ハンガリーの新しい宮殿で過ごしていた。そしてハイドンは、一家が雇ったオーケストラのために多くのオペラや交響曲を書いた。とくに注目すべき曲は、《嬰へ短調》だろう。慣例では交響曲第四五番と呼ばれるこの曲は、かなり珍しい終わり方をしている。第四楽章は、当時の交響曲の締めの典型と思えるような、活発でアップテンポな調子で始まる。意気揚々とした感じだ。だが、三分あたりを目処に曲は急激に変化する。そこで何の音楽的解決もなく曲が止まり、沈黙が訪れるのだ。この沈黙は、新しい方向性を示す前触れもなく、フィナーレとなる二度目のアダージョ（ゆっくりとした演奏）によって破られる（ハイドンは第二楽章ですでにアダージョを登場させている）。この効果を例えるなら、ランボルギーニ・ムルシエラゴが時速百三十キロに達したときに速度が三分の一に落ちる設計になっているようなものだ。この曲のフィナーレはスローペースで五分ほど続くのだが、進むにつれてどんどん奇妙になっていく。オーケストラの各楽器には短いソロパートがあるが、ソロを終えた楽器はそれ以上音を出さない。最後は二本のヴァイオリンが残り、それらの音は終わった感じもなく徐々に小さくなっていく。

この音楽的構成は変わっている（西洋音楽で初めて登場したちゃんとしたベースソロかもしれない）。これと比べると、どの鳥の歌もまったく奇妙ではない。この曲は、当時その地域で確立されていた慣習を無視することを意図して作曲されている。つまり、十八世紀半ばの音楽の慣習を体現したうえで、それを打ち砕いているのだ。

この交響曲の演奏には、決まって伴う視覚効果もある。フィナーレで自分のパートが終わった楽器の演奏者は、立ち上がってステージから退出するのだ。この演出は、ハイドン自身が自分のオーケストラに与えた指示を反映している。演奏が行なわれたのは夕方だったため、演奏者は譜面台に立てた蠟燭で自分の譜面を照らしていたが、自分のソロパートが終わった演奏者は、蠟燭の火を消して立ち去っていくよう指示されていた。そのため、演奏者がいなくなるにつれてステージは暗くなっていくのである。この演出はふつう次のように解説されている。ハイドンとオーケストラの団員は、いつもの夏の仕事期間より長く離宮で拘束され、囚人のように感じていた。そんななかでのハイドンの曲と演出は、退場によって音楽を終わらせる演出をしている。つまり、去るべき時が示されているのだ。ハイドンの初期の伝記によると、そのメッセージを理解したエステルハージ公子は、演奏者たちを自由にし、ウィーンに帰ってもよいと言ったという。このストーリーは曲に象徴的な側面を加えている。この曲は奇をてらって奇妙になっているのではない。むしろ、社会的立場が下の被雇用者が個人として一歩前に出ることで、立場が上の雇用者を動揺させるという意味が含まれている。つまり、社会的な予想に立ち向かう個々人の意思が表明されているのだ。この曲は、人間の心に次の能力が備わっていることを示している。それは、社会のなかで個人がもつ一定の独立性を伝えるために、文化を利用することができるというものだ。最も目をみはる点は、リチャード・タラスキンが強調しているように、これを示している曲が歌のない器楽音楽、「純粋音楽」だということである［Taruskin 2010］。

このようにして文化を利用できるのが「シリアスな」音楽だけではないことを示すために、別の例を挙げよう。ジャコ・パストリアスが自身の名を冠して発表したファーストアルバム『ジャコ・パストリアスの肖像』では、彼がジャズを先導する様子が示されている。アルバムの一曲目《ドナ・リー》はコンガとエレキベースの二重奏だが、このアルバムがリリースされた一九七六年当時、この曲は啓蒙的だった。というのもこの曲は、エレキベースがメロディを追求するための手段として使えることを示したからである。エレキベースはロックンロールの楽器であり、ジャズに唯一ふさわしいのはアコースティックベースだと思われていた音楽文化のなかで、パストリアスは、ジャズの伝統そのものが可能性を奪ってしまっていることを示し、自身のソロキャリアをスタートさせた。だが、アルバムをより注意深く聴くと別の側面が浮かび上がってくる。ジャズの伝統を重んじる人たちはパストリアスのフュージョン音楽を俗っぽいと思いがちだろうが、そうした人たちも、彼の音楽〔がジャズの伝統のうちにあること〕を認めるだろう。パストリアスの《ドナ・リー》は、チャーリー・パーカー・クインテットが一九四七年に録音した曲をアレンジしたものである。このビバップの古典は、パーカーのアルトサックスの演奏能力の高さが披露された高難度の曲だ。（後にマイルス・デイヴィスがこの曲の著作権を主張しており、作曲者がパーカーなのかどうかについて論争がある。）この曲をベースでアレンジして録音するうえで、パストリアスは、パーカーのサックス部分をただなぞっているわけではない。さらに、バド・パウエルのピアノの伴奏部分も弾いているのである。これにより、彼のベースは二つの楽器の音楽ラインを追えることが示されているのだ。この曲をソロデビューのリード・トラックにすることで、パストリアスは、自身が格調高い共同体に属していることを明示化しているのである。

ジャズの伝統のなかでの立ち位置を明確にしたパストリアスは、さらに別の方法で伝統に挑戦している。アルバムの二曲目に収録されたオリジナル曲の《カム・オン、カム・オーヴァー》はジャズではなく、リズム・アンド・ブルースデュオのサム＆デイヴが歌ったものである。一九七六年当時、パストリアスの音楽を聴くためにはレコードのアルバムを買うしかなく、そのためリスナーはみなアルバムどおりの順番で曲を聴いていた。ＹｏｕＴｕｂｅのようにパストリアスのいろんな曲を行き来できないのだ。そのため、《ドナ・リー》を聴いたあとに、複雑なジャズハーモニクスからなる三曲目の《コンティニューム》を聴こうと思ったら、ポップな二曲目を飛ばすために実際に針を動かす必要があった。つまりパストリアスは、アルバムの曲順でジャズの進化系とアフリカ系アメリカ人のポピュラーミュージックの連続性を主張していたのである。私が思うに、彼は次の点に注意を向けさせようとしていたのではないか。それは、アフリカ系アメリカ人のコール・アンド・レスポンス形式のブルースボーカルという文化的土台がなければ、《ドナ・リー》と《コンティニューム》の両方を受け入れることはできない、ということである。チャーリー・パーカーとマイルス・デイヴィスを受け入れることは、サム&デイヴを受け入れることでもあるのだ。

ここにくると、ハイドンの「告別」交響曲、ランボルギーニ・ムルシエラゴ、タージ・マハル、ジョン・キーツの詩、『ジャコ・パストリアスの肖像』に連続性があることがわかるだろう。確かにそれぞれに違いはあるが、どれも、それぞれの文化的伝統を体現し、それに応答しているのだ。ここで私が「社会」ではなく「文化」という言葉を使ったのは、集団がもつ信念・価値体系の継承に注意してほしいからだ。文化は社会的交流を超えたものである。サヨナキドリのオスがメスを惹きつけるために歌うとき、社会的なコミュニケーションはあるが、文化的交流はない。というのも、鳥の歌には、メスを惹きつける基準に関する信念・価値体系が学習によって前の世代から継承されるということがないからだ。確かに、北アメリカのマネシツグミはチャバラマユミソサザイの鳴き声を真似するが、それはミソサザイ文化の借用ではない。これに対し、ビートルズが《ペニー・レイン》に入れたピッコロトランペットの見せ場は、J・S・バッハに由来する文化の借用とみなすのがふさわしい(《ペニー・レイン》では《ブランデンブルク協奏曲第二番》が真似られている)。デザインを継承したり借用したりすることで、人間は、それに関連する信念・価値体系を取り込むことができるのである。

人間だけでなく、蜂もクジラも鳥も犬も社会的動物である。社会的動物は仲間内でコミュニケーションをとっており、音はそのために便利な道具である。だが、先ほど述べた意味での文化をもつ社会的動物は、人間だけであるように思われる。ここから、音楽的にすぎないものと音楽であるものを区別する定義を引き出すことができる。リズムまたはハーモニー関係（あるいはその両方）を作る構造をもつ音のパターンは、音楽的であると言える。だが、そうした音楽的パターンが音楽になるには、音楽的構造についての文化的な期待が反映されている――そのため、そうした期待のもとで解釈されることが意図されている――必要があるのだ。この考えを延長させると、アンドリュー・カニアが指摘しているように、音楽的ではないが文化的期待をもって聴かれることを意図したオノ・ヨーコやジョン・ケージの前衛的な作品も、音楽ということになるだろう。〔訳注 Kania 2011 で取り上げられているのは、トイレを流す音を録音したオノ・ヨーコ《トイレット・ピース》と、多様な音源テープを楽音に関係なく合わせたジョン・ケージ《ウィリアムズ・ミックス》。〕

この論点はまた、音楽が芸術となる理由を与え、さらに、音楽がとくに興味深い種類の芸術である理由を与えてくれる。次にそれを説明しよう。

5　美的側面

再び過去の考えに立ち戻ってみよう。古代には、「音楽」を聴取不可能な非常に多くの物理的運動にまで拡張しようという考えがあった。これに対し私は、私が探究しているのは、音楽を組織化された音の一種とみなす、現代的な意味での音楽だと述べていた。他方で、ここ三百年ほどの考えとして、音楽を〈快を与えるために組織化された音〉とみなすものがある。ワーグナーやブラームスが活躍した十九世紀後半に、エドゥアルト・ハンスリックは、ウィーンの第一級の音楽批評家として、音楽の価値の決め手は美しい構造にあると主張した。しかし、実践は理論を打ち負かした。二〇世紀の現代アート運動は、美しさが本質ではないことを示してきたのである。ハイアートの伝統からかなり離れても、パンクロックやヘヴィメタル、クラブミュージックの繰り返しのダンスグルーヴから同じことが言える。これらは騒音であって本物の音楽ではないと否定し続ける人はいくらかいるが、それは趣味の押し付けであって真っ当な立場ではないだろう。

ハンスリックは十九世紀にウィーン大学の教授となった音楽批評家であり、事実上、史上初のプロの音楽学者である。彼の全盛期は、オペラと器楽音楽のどちらの価値が高いかについて激しい議論が行なわれていた時期と重なっていた。二つの音楽は表立って対立してはいない。ハイドンはエステルハージ家の宮廷でカペルマイスターだったときオペラも交響曲も作曲していたし、パストリアスはデビュー作で歌曲も器楽音楽も作曲している。とはいえ、西洋音楽の歴史についてごく大まかな一般論を言えば、ハイドンらの世代は、音楽聴取の中心が器楽音楽にあると人々に認められるうえで極めて重要な役割を果たした。音楽好きがベートーヴェンについて考えるときに思い出すのは、彼が作曲したスコットランド詩つきのピアノ曲ではなく、交響曲、ピアノソナタ、弦楽四重奏だろう。しかし、ベートーヴェンの交響曲第九番は割り切れない厄介な例である。というのも、その曲の最後には詩の合唱があるからだ。この曲は、ハイドンやモーツァルトによってその頃ようやく確立された交響曲形式の約束事を破っている。だがワーグナーはベートーヴェンが正しいと考えていた。素晴らしい音楽とは演劇パフォーマンスのなかで歌を支えるものだと考えたのである。つまりワーグナーの理想の音楽は、ときに「ミュージック・アローン」と呼ばれるような器楽音楽ではない。ワーグナーにとって、音楽は混合メディアとして聴かれるのが最もふさわしいのである。音楽は「総合芸術」に属する。つまり、複数の形式の芸術を統合して作られる作品の一部分なのだ。〔二十一世紀における総合芸術の作り手は、原作となる脚本を書き、演技を指示し、フィルムを編集し、映画音楽を作曲するような映画監督だろう。〕ワーグナーは、音楽を純粋な芸術に留まらせず、力強い芸術に貢献するものにしようとした。楽劇〔ワーグナーが創始したオペラの一形式〕のなかの音楽と比べると、ミュージック・アローンは弱々しい芸術形式なのだ。

これに対しハンスリックは、純粋器楽音楽を擁護するため、美学理論の基礎のひとつとなるイマヌエル・カントの『判断力批判』を大まかに援用している。当時その著作は六〇年前のもので美学の最先端ではなかったため、ハンスリックもそれが使い古された考えだとわかっていただろう。彼がカントを援用したことは、ヒューバート・L・ドレイファスが自身の著作『インターネットについて』〔Dreyfus 2001〕を改訂する際に、ある章で一九五〇年ごろに登場した哲学の学説を頻繁に引用したのと似ている。〔一見すると時代遅れだが〕哲学は良いアイデアが力を持ち続けることができる領域である。この方針に沿って私も、めったに言及されたり取り上げられたりしない議論を引き出すために、ハンスリックの『音楽美論』に立ち戻りたい。彼が警告しているのは、音楽が歌曲や楽劇で使われるときに果たす役割を過度に重く受け取るべきではない、ということである。何が音楽に芸術としての価値を与えているのかを特定するためには、純粋器楽音楽を検討すべきだ。オペラや歌曲では、言葉と音楽の特定の組み合わせで成功した曲のうち、その成功に言葉がどこまで貢献し、音楽がどこまで貢献したのかを区別できない。だが、純粋器楽曲というものが現に存在し、そして、バッハの《ゴルトベルク変奏曲》や《平均律クラヴィーア曲集》が芸術の傑作である点からすると、音楽は別の形式の芸術と統合されなくとも完全な芸術だと言える。音楽と他の芸術メディアとの組み合わせは非常に力強いかもしれないが、そのことは、芸術としての音楽がもつ価値や可能性には無関係である。(ミュージック・アローンないし「純粋」器楽音楽というものが本当にあるのかどうかについて疑問があるかもしれないが、それは次章で取り上げることにしたい。)

ハンスリックとワーグナーの論争の核心は、価値の源泉となる機能にある。〔次の例を考えてみよう。〕私の家のキッチンにある冷蔵庫は、飲食物を適切な冷温に保つことができるという点で、冷蔵庫としての価値をもっている。しかし、冷蔵庫のモーターが壊れてしまったので、それをドア付きの物入れとして使うとしよう。この場合、冷蔵庫としての価値はもはや失われている。ワーグナーによると、楽劇にはつねに一定の機能があり、音楽の価値はそれに貢献することである。たとえば《ニュルンベルクのマイスタージンガー》の第三幕は、ドイツのナショナリズムを推進している。しかし、ハンスリックのような純粋音楽主義者からすれば、その曲がうまくいっているかどうかとナショナリズムの推進は無関係である。芸術という地位をもつ音楽がたまたまナショナリズムを推進したりすることもあるが、音楽の目的は、音楽的な快を与えることだけなのだ。

ここで私は、ワーグナーとハンスリックの「どちらが正しいのか」という二分法を避け、第三の道を歩みたい。そのために、ジョージ・クブラーが視覚形態の研究で示した次の有力な洞察にしたがおう。それは、「人間が作り出すものはすべて、問題への合目的性をもつ解答として現れる」というものである〔Kubler 1962〕。重要なのは合目的という用語だ。カント哲学によると、芸術の鑑賞はその合目的性の鑑賞であり、合目的性はデザインされたことの現れである。人はもともと、目的があってなされたことに敏感であるように思われる。たとえば、田舎のよく知らない直線道路を車で通る際、自然にできた林と防風林として植えられた木の違いを見て取ることができるだろう。防風林の木々は規則的なまとまりを作っており、そこには人間の意図が見出せる。ただの林と防風林の違いは、合目的性をもつデザインが作られた実際の目的を知らずとも、見出すことができるだろう。これとは反対に、実際の目的やそれが現実世界にもたらす帰結を知っていながら、その目的には興味がないという場合もありうる。そのため、たとえば私は、ワーグナーの目的を嫌いつつも《マイスタージンガー》を称賛するかもしれない。それはちょうど、スピードの出る車にたいした興味がなくともランボルギーニ・ムルシエラゴを称賛しうるのと同じだ。設計者の目的に疑念をもつからといって、合目的性をもつデザインのなかに体現された人間の達成を鑑賞できなくなるわけではないのである。

目的を切り離して合目的性を鑑賞するこうした人間の能力によって、他文化の芸術を鑑賞するためにその文化の信念・価値体系まで受け入れる必要がないことが説明できる。もちろん、同じことはひとつの文化の内部でも言える。もし芸術鑑賞が機能的価値を受け入れることでしかないなら、無神論者はゲオルク・フリードリヒ・ヘンデルの《メサイア》を評価できないことになるだろう。同様に、マハトマ・ガンディーや古代ヒンドゥーのテクスト『バガヴァッド・ギーター』の教えで共有されている世界観を受け入れていない私は、フィリップ・グラスのオペラ《サティアグラハ》を評価できないことになる。しかし、多くの無神論者も《メサイア》を称賛しているし、私は《マイスタージンガー》も《サティアグラハ》も、その根底にある哲学的見解は無意味のかたまりだと確信しているが、素晴らしいと思っている。アレックス・ニールとアーロン・リドリーは、合目的性だけを鑑賞する能力を説明しようと試みている〔Neil and Ridley 2010〕。彼らによると、無神論者も素晴らしい宗教音楽を支えている「間違った迷信の体系」を通り越して「〔芸術家の〕壮大な野心と特定のヴィジョンへのコミットメント」を称賛できるというのだ。そして、そのヴィジョンは人間精神の肯定だと言われている。だが、この説明には少々ごまかしがあるように思える。というのもこの方針には、人間精神の高潔さは宗教と同様にどうしようもない間違いだと考える辛辣な人間嫌いの人〔の作品〕が、なぜ称賛されるのかを説明する手立てがないからだ。ニールとリドリーの説明は、アーティストと聴き手が価値体系をいくらか共有していることを前提としている。だが、共有されていなかったらどうなるだろうか。

合目的性だけを鑑賞する人間の能力を指摘するなかで、カントは、美的反応の核心を、対象の形式的現れへの反応と同一視している。ハンスリックは美しさを音楽の主な価値とみなしており、その点でカントと同じ陣営にいる。しかし残念ながら、ハンスリックがその陣営に属するのは、器楽音楽が情動を伝える能力をもつかどうかに関する論争のなかだけである（この話題は第3章で扱う）。その点を一旦脇に置き、新しいパラドクスをみてみよう。《メサイア》と《マイスタージンガー》を聴く多くの人は、それらを芸術として称賛する際に、そこに登場する観念を脇に置くのに苦労する。これに対しテクストがないミュージック・アローンには、聴き手の気分を害したり脱線させたりする観念を提示しないという強い利点があるように思える。ミュージック・アローンは絨毯や壁紙の模様と同じ美的地位をもっている。つまり、その鑑賞を邪魔するものがないのだ。リズムやハーモニーが過度に馴染みのないものでない限り、良い音楽を聴くことは、日没を見るのと同じく、難しいことではない。考えるな！　ただ観て楽しめばいいのだ。以前に挙げた例に戻れば、ハンスリックならきっと、チャーリー・パーカーが演奏する《ドナ・リー》を聴くことは、万華鏡のなかの色の移り変わりを見るのと同等だと言うだろう。確かに、複雑な音楽はより込み入っており、その分より魅力的なのだが、文化的な観点からすると、装飾デザインといった他の様式と何ら変わらないのだ。

要するに、純粋器楽音楽は次の美学的教養を検証するための事例として重要なのだ。それは、〔ある曲が〕何かを伝える目的がまったくないことは〔その曲が〕芸術的に成功してないことを意味しない、というものである。そして、もし目的の欠如が成功を阻害しないなら、目的に賛成しないこともまったくもって阻害にならないだろう。たとえば、ドミートリイ・ショスタコーヴィチの交響曲第五番のメッセージが何であるかについてかなりの論争があり、その正しい解釈をめぐって対立する証拠がある。ショスタコーヴィチのオペラ〔《ムツェンスク郡のマクベス夫人》〕がヨシフ・スターリンの反感を買ったのに続いて、ソヴィエト連邦の新聞『プラウダ』は、作曲者が芸術的に堕落しているという公の警告を発した。ショスタコーヴィチはその批判の行間から、方針を改めなければ死ぬことになるという公式の警告を読み取れただろう。それから数ヶ月のうちにショスタコーヴィチは交響曲第五番を書き上げた。出来上がった曲は、当時のソヴィエト連邦で共有されていた芸術のマルクス主義の肯定を示しているのか、それとも、スターリンのロシア人に対する扱いへの憤慨と抵抗を非常に巧妙に表現しているのか〔対立する解釈がある〕。私としては後者を推したいのだが、もし前者が正しいと完全に証明された場合、私はその曲への称賛を撤回すべきだろうか。もしその曲が聴取される万華鏡なら、解釈は問題にはならない。その曲にとって重要なのは、音楽的パターンがうまくいっているかどうかである。

だがここで、ハンスリックでは太刀打ちできない新たなパラドクスが生じる。まず、万華鏡が芸術作品とみなされることはほとんどない。すると、もし《ドナ・リー》やワーグナーのオペラが複雑な万華鏡のようなものであるなら、そうした曲〔の芸術としての地位〕は格下げされることになる。カントはこの帰結に完全に気づいており、自分の理論では器楽音楽が「さまざまな純粋芸術のなかで最も低い地位になる」と警告している〔Kant 1987, p. 199〕。これほど低い地位だと、もはや芸術とは言えないかもしれない。また、ハンスリックの議論を検討したマーク・エヴァン・ボンズも、この問題を明確に指摘している〔Bonds 2006〕。もし音楽が芸術であるなら、ハンスリックは万華鏡のアナロジーを維持できないというのだ。この問題を感じ取り、何とか避けようとしたハンスリックは、音楽が「ガイスト」（人間の精神や心）に訴えかける力について長々と語り、それを根拠に音楽の地位を引き上げ、芸術に位置づけている。器楽音楽には万華鏡のパターンにはない高尚な精神的内容があるというのだ。ニールとリドリーも宗教音楽におけるガイストについて語っているが、残念なことに、それは歌詞つきの音楽である〔Neill and Ridley 2010〕。そしてハンスリックは器楽音楽がどうやって精神を高めるのかをまったく説明していない。だが、もし《ドナ・リー》やバッハの《ゴルトベルク変奏曲》が本当に何の観念も提示していないものなら、それらを芸術とはみなせなくなるように思われる。

ここで「自律した音楽美」という芸術のための芸術〔芸術は他のあらゆる機能から独立であるという考え〕の専門用語を持ち出すなら、音楽は瑣末なものになってしまうだろう。他方で、もし何らかの観念が提示されているとするなら、それはどういうものなのだろうか。さらに、観念の提示を認めると次の論点に立ち戻ってしまわないだろうか。それは、音楽作品をきちんと称賛するためには、その作品が伝えようとしている物事を称賛する必要がある、というものだ。この方針で合目的性の鑑賞という考えをすくい上げることができるのだろうか。

6　文化、コミュニケーション、スタイル

伝統的な考えが問題を生み出す場合、それを解決する手段のひとつは、歴史に立ち戻ることである。この方針にしたがい、カントの美的理論の興味深い一節に注意を向けたい。それは鳥の歌に関するものである〔Kant 1987, p. 169〕。

詩人たちが、サヨナキドリの魅力的な歌よりも高く評価しているものはあるだろうか（……）しかし、そうした歌い手を見つけられなかったので、いくらか陽気な宿屋の主人は、田舎の空気を楽しみたいと彼の宿に来た客を〔初めは〕とても満足させるための策略を打った、という例がある。その策略は、（葦や藺草《いぐさ》を口に当てて）自然のサヨナキドリの歌とかなり似た真似をする方法を知っている悪戯好きの子供を藪のなかに隠れさせるというものだ。だが、それがまったくの欺

きだとわかると、その歌声を以前と同じくらい魅力的なものと聴きつづけることは誰もできないだろう。

観光客がいつも搾取の対象となるのは明白だ。それはさておき、カントが強調しているのは、聴こえる〔音の〕パターンの魅力はそれほど自律した美しさではないということである。そのパターンを生み出しているのが人間だとわかったら、それに対する反応は、それが人間の活動だということを踏まえたものになり、美的判断はその気づきの影響をうけたものになるというのだ。

カントのこの提案は重要だ。とくに大事なのは、この提案が社会と文化についての私の区別につながってくることである。人間は社会的動物であり、社会的動物である人間はつねに、他の人間の行為を他の人間の行為として理解する。発達心理学の発見に積極的に頼りたいわけではないが、人間の赤ちゃんには人間の顔を見たり人間の声を聴いたりするための仕組みが備わっていることを示す証拠はたくさんある。ここでは発達心理学に深く立ち入らないが、人間は他の人間に特別な仕方で気づくと想定して話を進めたい。人間の行動そのものや人間の活動の痕跡が見つかると、それは意味をもつものとして解釈される。人は意味を求めているのだ。

これと同じ結論を導く厳密な哲学の議論もある。それは、もし他人を同定してその行為に意味を求める生得的傾向が人間の心に備わっていなかったら、言語の獲得は不可能だっただろう、というものだ。人間の言語学習は言語が使われる場面にさらされることでなされるという点は否定できない。しかし、言語学習というものは、言語を言語として理解する前に、言語に接触することで生じうるものである（そうでなければ言語は学習できないだろう）。そのため、言語が意味の源泉であることは経験から学習できない。言語が意味の源泉だと理解する前に言語と出会っても、それは人が出会う他のものと同じく意味がないように思われるはずだ。だが事実として、誰でも言語使用をその他のパターンから区別して学習しており、また、言語と同等の複雑さをもつ人間が作っていないパターンの重要性を理解するずっと前から、子供は母語を上手に操れるようになる。言語以外のパターン化された情報もつねに人に押し寄せてくるので、〔そうしたパターンと言語を区別して行なわれる〕初期の言語獲得は、人には言語に特別の注意を向ける仕組みが備わっていることを示している。人間は、人間のコミュニケーションのパターンに特化した技能をもっているのである。（映画『ビューティフル・マインド』で描かれているように、統合失調症の人は、人間が作ったパターンが存在しない場面でもそうしたパターンを見出してしまう傾向をもっているようにみえる。）

カントの風変わりな例に戻ろう。藪のなかから聴こえるさえずりが本物のサヨナキドリではなく人間の物真似だとわかった瞬間、私の態度は変わってしまう。誰かが私を騙しているとわかり、魅力が消え失せるのだ。これに対し、そのときの音とまさに同じものを鳥の歌の物真似コンテストで聴く場合を考えてみよう。その音はサヨナキドリを表すものとしてのみ働くと理解している場合、同じ音でも称賛できるだろう。宿の主人が客を騙そうとしている場合、声の出所が人間だとわかると、その声はまずもって客を騙すものとして働いていることが明るみに出てしまい、それにより聴取体験が台無しになってしまうのだ。

この論点を一般化すると、人間のデザインが反映されていると考えられるパターンに対しては、単なるパターンとして反応すべきではない、ということになる。たとえ単なるパターンとして反応することが可能だとしても、バッハやチャーリー・パーカーの曲に対して、聴取可能な万華鏡であるかのような反応をとるべきではない。他方で、人工物ないし人間の活動の産物としての万華鏡そのものに興味をもつのと同じようにして、ひとつの曲に興味をもつようになることも可能である。この点についてのグレゴリー・カリーのまとめは洞察に富んだものである〔Currie 2009〕。

> 人工物がもつ美的側面への興味は、［活動と産物の］区別が実際に成り立つ場合、両方の要因を統合するものについての興味である。つまり、〈活動の結果としての産物〉への興味なのだ。本当に自然なものとしての自然の美的鑑賞と、芸術作品の美的鑑賞が異なる理由はここにある。

ここで、自然を美的に鑑賞する点は同じでも、鳥の歌と日没とでは鑑賞がかなり違うと思われるかもしれない。サヨナキドリの歌は活動の産物である。すると、サヨナキドリの歌は人間の音楽と同じレベルにあると言えないのだろうか。

私の分析にはもうひとつステップがあり、それが両者のあいだに大きな違いを生み出す。それは、音楽のデザインは音楽のスタイルを示している、というものだ。これにより、ボンズが指摘したハンスリックの分析の穴がふさがれる。スタイルはデザインとガイストをつなぐのだ。ハンスリックはこの結びつきを想定していないが、一方で、どのスタイルからも中立的な音楽は存在しないと強調している。音楽的構造が取りうる形態はいくつかあり、異なる社会はそのなかの異なる側面を用いているのである。そして、音楽の楽しさを得るには、訓練（陶冶）された耳が必要になる。ハンスリックは、どんなに「ありのまま」で「自然」に聴こえる音楽的構造も、必ず伝統文化への参加を示していると忠告している〔Hanslick 1986, p. 70〕。

我々がチロルの農民の歌を聴いても何の芸術の面影も見出せないかもしれないが、それは正真正銘の芸術音楽である。もちろん、その農民は思いつきで歌っているだけだと考えているだろう。しかし、それが可能になるためには何世代もの生育が必要とされるのである。

この点を別の角度からみるために次の例を考えてみよう。それは、言語が普遍的にみられるからといって、世界中どこでも同じ言語が使われているわけではない、というものだ。このアナロジーを使ってダニエル・レヴィティンは、「人の脳は、自分が属する文化の言語を話すことを学ぶように、自分の文化に特有の音楽的文法を学ぶ」と述べている〔Levitin 2006〕。子供は特定の言語を学ぶことで言語を学び、特定の音楽を学ぶことで音楽を学ぶ。言語と同じく、ある文化に特有の音楽的文法を学ぶことで、個人はその文化に埋め込まれ、それによって、ハンスリックが気づいていたように、その伝統に埋め込まれるのである。だからといって、自分の好きなテレビ番組の主題歌をハミングする子供が、何世紀にもわたる文化の浸透を自覚していることにはならない。フィンランドの子供は、フィンランド語以外の言語があることを知らずに、流暢にフィンランド語を話すことができる。その一方で、フィンランド語が使用されるどの場面でも、二つのレベルの活動がある。ひとつは、クッキーをちょうだいと言ったり寝るのは嫌だと言ったりするなど、直接的な目的を果たす直接的な使用である。だがそれに伴って、フィンランド文化を持続させるという活動があるのだ。

ソングライターとしての自分が最初にもっていた目的を振り返ったジョン・レノンは、ヤーン・ウェナーに対し、ビートルズは芸術を作るために始まったわけではないと語った〔Wenner 2000〕。むしろ、実用的な音楽を作るために始まったというのである。ブルースと同じくビートルズの音楽も、日常生活に寄り添ったものなのだ。レノンはその目的を明確に述べてはいないが、私が思うにそれは、踊らせる音楽というものだったのではないだろうか。彼は面白い隠喩を使っている。ジャズとブルースは種類の異なる椅子だ、というのだ。ジャズミュージシャンは、デザインを見せびらかすための椅子をデザインしている。だがそれより「ブルースの方が良い。［というのも］眺められたり鑑賞されたりするための椅子ではなく、座るための椅子なんだ。その音楽に座れるんだ」。では初期のビートルズの音楽はどうだろうか。「それは僕らなりの椅子だ。僕らは自分たちの椅子を作ろうとしていただけだ。僕らが育った地元の椅子みたいなものだ」。言い換えると、彼らは鑑賞されるためにビートルズを組んだわけではない。彼らは労働者階級のミュージシャンである。しかし彼らは「地元の椅子」という自分たちのスタイルを作り上げた。そして、そのスタイルのポップミュージックは他人から模倣されることになる。そのスタイルは当初、彼らの地元の川の名を冠してマージー・ビートと呼ばれていた。現在、それは彼ら自身のスタイルとみなされている。最近私は妻とドライブをしているときにグレイトフル・デッドのアルバム『アメリカン・ビューティー』を聴いていたが、妻はある部分のハーモニーは明らかにビートルズ風だと言っていた。レノンはスタイルを作るために音楽を始めたわけではない。しかし、実用的で機能的な音楽を作ろうとする試みと、彼らの演奏能力および共通の背景から生じた音楽的教養ができるだけうまく合うように（レノン、ポール・マッカートニー、ジョージ・ハリスンの）ボーカルと器楽パートがアレンジされた結果、独特のスタイルが生まれることとなった。伝統に携わろうとする各種の試みがその伝統を変化させることもあるのだ。文化を長続きさせようとするなかで、文化そのものがだんだんと作り変えられるし、ビートルズのときのように急速に作り変えられることもある。五〇年も経つと、彼らの椅子のスタイルを難なく鑑賞することができるようになる。つまり、彼ら以前の音楽から彼らがどう逸脱したかを鑑賞できるのだ。より重要なのは、レノンの隠喩を拡張して言えば、たとえ座るための椅子を求めていなくとも、椅子がもつ地元性を鑑賞できるということである。さらにそこから、地元の椅子がどうやって現在のポップミュージックのなかで生き続けている国際的なスタイルの土台となったかを鑑賞できるのである。

すべての音楽が芸術であるのは、どの音楽もスタイルをもつからである。スタイルをもつことが意味するのは、どの音楽もそれを育んだ伝統に積極的に携わろうとしている、ということだ。伝統への携わり方には、それを受け入れるというかたちも、それに抵抗するというかたちもあるが、いずれの場合でも伝統が現れている。その結果として生じるどの作曲・演奏行為も、その活動によって達成される直接的な機能が何もない場合でも、重要な活動でありうる。そのため、文化的な活動は、その直接的な目的は興味深くなくとも、文化的に形成された人間の活動としての興味深さを見出せるのである。

スタイルの指摘は私独自の論点ではない。それでも、この点は芸術に関して重要な洞察をもたらす。

ポール・クロウサーはさらに一歩進んで、スタイルは活動のさまざまなレベルで現れると指摘している。スタイルが最も明確に現れるのは「媒体《メディウム》の選択とそれを用いる才能においてだ。芸術家が別のものではなく特定の媒体を選択していることは、それ自体で、スタイルの表明なのである」〔Crowther 2007〕。レノンおよびビートルズのフォロワーは、ポップソングという媒体を選択し、その選択のなかでさらなる選択を行なっている。前の例に立ち返り、パストリアスが《ドナ・リー》を録音すると決めたことを考えよう。そこには、ジャズをやるという決断、ビバップという「死んだ」スタイルに立ち戻るという決断、そして、エレキベースを使って示された演奏能力がある。つまり三つのレベルのスタイルがあるのだ。どの選択も明らかに、一九七〇年代のアメリカ文化に属していることを表明しようという若者がとるものではない。テオドール・アドルノも音楽の哲学についての大著で、これと関連する重要な論点を挙げている（彼自身はポップミュージックやジャズにほとんど言及していないが）〔Adorno 2002〕。それによると、どの楽曲についてもそうだが、形式と内容が一体化していると考えるのは完全に間違っている。あるいはハンスリックのように、音楽の形式は音楽の内容と同一であると考えるのは間違っている。どのミュージシャンも、これまでに蓄えられてきた音楽的構造を引き継いでいる。たとえば、大きいスケールの構造（古典的な交響曲のような四楽章構成など）、ユニット構造（交響曲の第一楽章のソナタ－アレグロ構造など）、メロディ構造（スタンダードなブルースの十二小節展開など）、短い局所的な構造（ハイドンは実際には使わなかったが、「告別」交響曲の最後の解決を与えるために使えたはずのカデンツ〔終止形〕など）がそうだ。音楽にとって、こうしたデザインは音楽的な活動の出発点にすぎない。これらの構造は音楽の材料なのだ。そうした構造は、ポール・マッカートニーが使ったヘフナー〔ドイツの楽器メーカー〕のベースギターやベートーヴェンが使ったブロードウッド〔イギリスのピアノ製造会社〕のピアノのように、使用・操作される材料である。とはいえ、材料の選択も、操作がもたらす産物も、前もって決められていたものではないのである。

仲間の歌より自分の歌を目立たせるためにヘフナーのベースを選ぶようなサヨナキドリは現れないだろう。鳥は材料を選ぶことができず、そのため、媒体を選ぶことができない。あるサヨナキドリが競合する他の鳥からの差別化を図って前の世代から受け継いだ歌を少し変えて歌うとしても、そのことは、パストリアスが《ドナ・リー》の新しい変奏を示したことと同等ではない。また、ハイドンがエステルハージ公子に対してやったように、自分の主張を通す手段として、他の鳥が学習の結果として抱いた予想に背こうとする鳥はいないだろう。鳥の歌を褒め称えることに問題はないが、その称賛は、文化的な合目的性をもつ活動に対する称賛ではない。鳥の歌を芸術として称賛することはできないのだ。

第2章　言葉とともに／言葉なしに——理解して聴く

アーティストは（……）分類が死体の防腐処理と同じであると知らねばならない。教育やカテゴリーが押しつけられるとき、もはや真の同一性は損なわれている。（マーク・ロスコ）

音楽にとって言葉はあくまでも無関係な添加物であり、副次的なものにすぎず、楽音の効果は言葉のそれとは比較にならぬほど強力・確実・迅速である。（アルトゥル・ショーペンハウアー『意志と表象としての世界 続編Ⅱ』ショーペンハウアー全集6、塩屋竹男訳、白水社、二〇〇四年）

1　教養なき知覚

ある音楽ジョークがさまざまな著名人の名のもとに形を変えて語られているが、その最初の出所はおそらくエイブラハム・リンカーンだろう。彼が暗殺された数年後に、ヘンリー・ピアソンは、リンカーンによる一八六〇年の講演のことを次のように回想している。その夜に行なわれた四重唱団の余興のあと、リンカーンは団のリーダーの肩に腕を回してこう言った。「君のように歌えたらなあ。残念だけど、私が知っている歌は二つだけでね。〔賛美歌の〕《オールド・ハンドレッド》と、それじゃない方だ」。もちろん、このジョークのポイントは自己卑下である。大統領選に乗り出していたリンカーンは、有権者と親密な関係を築くテクニックのひとつとして、こうしたユーモアを使っていたのだ。

このジョークの言い回しを文字通りにとると、多くの疑問が浮かび上がってくる。音楽について本当にこれほどわずかしか知らない人は音楽を鑑賞できるのだろうか。名前を言える曲がひとつしかないような人にどんな経験がもてるのだろうか。一方で、音楽の知識が純粋な音楽経験を妨げると考える人もたくさんいる。ジャン＝ジャック・ルソーとアルトゥル・ショーペンハウアーの影響で広まった哲学的伝統では、先のジョークはジョークではなく、むしろアドバイスである〔Rousseau 1987, Schopenhauer 1969〕。教養は、音楽の制作・鑑賞を向上させるどころか、むしろ歪めてしまうというのだ。二〇世紀初頭に芸術の自律性を擁護した批評家のクライヴ・ベルは、次のような鑑賞法を勧めている。「芸術作品を鑑賞する際には、自分の生活から何かを持ち込む必要はないし、作品の背後にある思想や事情に関して知る必要もない」〔Bell 1914〕。作品への反応に関するベルのモデルによれば、J・S・バッハの《無伴奏チェロ組曲第一番》のプレリュードを正しく鑑賞するためには、「その形式の適切さ」を知覚する必要があるが、その知覚のために学習は必要ない。このように、知識なしに、「生活からなにも持ち込まずに」鑑賞すべしという立場を真剣に受け取るなら、思考の押しつけは美的反応を妨げるということになるだろう。組曲がどういうものか知っていたり、J・S・バッハの無伴奏チェロ組曲が十八世紀に作られたと知っていたりすることは、その音楽がもつ形式的な整合性と価値を知覚するうえで役に立たない。むしろ悪い影響があり、知識によって鑑賞が損なわれるというのだ。

この見解で最良の鑑賞とみなされるのは、先入観を完全に排除し、何の分類カテゴリーも押しつけず芸術に向き合うことである。だが私はこれに反対し、音楽には耳に触れる以上のものがつねにあると主張する。リヒャルト・ワーグナーの音楽は聴こえる以上に良いものだ、というウィリアム・ナイの冗談は的を射ている。この一節は、自叙伝でそれを引いて広めたマーク・トウェインの言葉とされることも多いが、トウェインがナイを引用して強調したかった大事な論点は、〔曲を聴いて〕感じる退屈さが不適切ないし不当な場合があるということだ〔Twain 2010〕。確かに、自分が退屈しているかどうかについては、聴き手は誤りえないかもしれない。しかし、聴き手が退屈しているからといって、その音楽が退屈なものであるとは限らない。それが退屈かどうかを判定するためには、その音楽の何が際立った特徴で、何がそうでないのかを理解している必要がある。第1章で私は、バッハのプレリュードを聴くことと、スポーツカーのランボルギーニ・ムルシエラゴの映像を観ることの類比を挙げていた。その要点は、人がデザインしたものに対して知識なしに反応することがいかに表層的であるかを示すことだった。どの楽曲もそれぞれがもつ音楽スタイルによって、さまざまな歴史的影響と個々の作曲上の選択からなる複雑なネットワークのなかに埋め込まれている。さらに、演奏の実践によって選択の別の次元もつけ加えられる。そのため、多くの場合、人が設計したデザインを知覚し、それがもつ評価可能な特徴を認識するためには、スタイルなどの歴史的影響関係を認識することが必要なのである。

音楽が他の芸術メディアと組み合わせられるときには、さらなる背景知識が必要になったりする。バッハのチェロ曲は大きな弦楽器がギコギコいうものでしかないと思っている学生が、二〇〇二年の映画『戦場のピアニスト』を観ているとしよう。その映画には、バッハのチェロ曲が使われている場面がある。この学生は、なぜ十八世紀初頭のこの曲が第二次世界大戦に関する映画の中盤で目立った役割を与えられているのかを考えることもできないし、なぜそれ以外の音楽はすべてポーランドの作曲家フレデリック・ショパンの曲であるのかを考えることもない。その学生は、この映画で探究されている歴史や文化に関わる問い（バッハの曲の使用は共有されたヨーロッパ文化を示唆することでポーランド人とドイツ人双方の行為について語っているのだろうか、あるいは、人間の振る舞いと、バッハの音楽に体現された理想のギャップを思い起こさせているのだろうか、といった問い）を立てることがまるでできないのだ。しかし、歴史的・文化的特徴は、物事がもつ客観的な本当の特徴である。したがって、《無伴奏チェロ組曲第一番》のプレリュードが置かれた文化的位置について考えることができない人には、『戦場のピアニスト』という映画を映画として本当に鑑賞することはできないだろう。

これらの事例をみると次の疑問が生じてくる。なぜ誰もがより豊かな芸術鑑賞を行なうべきなのだろうか。また、なぜ良い音楽に興味がない人は下に見られがちなのだろうか。シェイクスピアの『ジュリアス・シーザー』には、シーザーがアントニーに対して、キャシアスを信用するなと警告するシーンがある（第一幕第二場）。それを伝えるためにシーザーは、「彼は音楽を聴かないやつだ」というシンプルな表現を使う。ここでシーザーが言っているのは、キャシアスは芸術を鑑賞しないということだ。しかし、それが人を疑う正当な理由になるのだろうか。音楽を鑑賞しないから疑わしいのだろうか。それは不当に思える。他の多くの能力と同様、音楽を感じる能力も、生まれつき人によって異なる。音楽に夢中になる人もいれば、それとはまったく反対に、生まれながらの失音楽症で、楽音がもつ音楽性を認識できない人もいる。失音楽症の人は聴覚に問題があるわけではない。完全な聴覚をもちながら失音楽症の人もいる。しかし、他の人には美しいメロディに聴こえるものが、失音楽症の患者には、うっとうしく、でたらめなノイズに聴こえるのである。オリヴァー・サックスが収集した症例研究によれば、ある女性患者は自身が音楽を聴いたときの様子を「私に聴こえるのは、キッチンにあるすべての鍋やフライパンを床に放りなげたときの音だ」と説明している〔Sacks 2007, p. 106〕。また、オペラのソプラノ歌手の歌声は「金切り声のように」聴こえるという〔Ibid., p. 105〕。明らかに、この問題は耳の中で起きているのではなく、脳で行なわれる音楽処理のレベルで生じている。その結果として、先天的な知覚的不具合が生じているのだ。もしかすると、キャシアスは失音楽症だったのかもしれない。そうだとしたら、彼が音楽に無関心だったからといって、文化に無関心だったと解釈すべきではないだろう。

本書は知覚の神経生理学ではなく哲学的探究の本なので、ここで失音楽症を取り上げたのも、ルートヴィヒ・ウィトゲンシュタインの次の助言にのっとって考察を進めるためである。それは「哲学者の役目は、特定の目的のために記憶を集めることにある」というものだ〔Wittgenstein 1953〕。そして本章の目的は、次の記憶を思い出させることである。それは、音楽が何であるにせよ、理解しつつ知覚しないかぎり、聴き手は音楽を音楽として聴いてはいない、というものだ。失音楽症になりたい音楽愛好者などいないと思うが、そうだとしたら、なぜこれほど多くの音楽愛好者が部分的な失音楽症を受け入れているのだろうか。というのも、適切な記述や概念を伴わずに聴いている状態は部分的な失音楽症に陥っているも同然だからだ。

2 純粋主義

音楽を聴く人は何をどの程度知っているべきかという問題は、歴史的には、純粋器楽音楽の理念と結びついている。《無伴奏チェロ組曲第一番》のプレリュードをはじめとして、バッハの多くの器楽音楽は純粋音楽に分類される。純粋音楽が現代の文化で極めて高い価値を与えられていることは、おそらく読者も認めるはずだ。それだけでなく、洗練された音楽愛好者は純粋音楽を鑑賞するものだし、そうした人は他の音楽よりも純粋音楽を好むと考えられている。このように考える人を、一言で「純粋主義者」と呼ぶことにしよう。

純粋さは、不均質・混成・汚染と対比される。そうすると、純粋主義を定式化するためには、何が音楽を汚染し不純にさせるかを明らかにする必要があるだろう。その答えは自明に思われるかもしれない。音楽が不純になるのは、音楽以外のものが加えられるときではないだろうか。たとえば、私がバッハの《無伴奏チェロ組曲第一番》を聴こうと思い、コンピュータの再生ソフトを立ち上げ、画面を見ながらそれを聴くとしよう。この再生ソフトには視覚化プログラムが付いていて、映像なしの音楽を再生すると、曲のテンポや強弱が色鮮やかな幾何学模様の目まぐるしい動きに「翻訳」される。また、昔のディズニー映画『ファンタジア』では、ルートヴィヒ・ヴァン・ベートーヴェンの交響曲第六番《田園》が子鹿とケンタウロスが戯れる様子として視覚化され、一方で、バッハの《トッカータとフーガ ニ短調》には抽象的な幾何学図形の動きがあてられた。音楽批評家ディームズ・テイラーが、この映画の公開と同時期に出版された著書で説明しているように、バッハの鍵盤音楽とベートーヴェンの交響曲第六番はそもそも異なる性格をもっている。交響曲第六番の各楽章にはベートーヴェンによって説明的な標題が与えられており、それぞれが特定の情景と結びつけられている。そのため、たとえば〔「雷雨、嵐」という標題が付いた〕第四楽章は、雷雨を音楽で表したものと理解することができる。対照的にバッハの《トッカータとフーガ》は、「題名をもたず（……）明確な出来事を想起させたり、物語を語ったりしない」[Taylor 1940〕。それは、「抽象的な映像表現」を与えるのがふさわしい「抽象音楽」なのだ。バッハの《トッカータとフーガ》のような音楽は、「純粋〔音楽〕」、「抽象〔音楽〕」、「絶対〔音楽〕」と呼ばれたりするが、いずれにせよ、物語を語ったり明確な出来事を表したりする音楽とは正反対なものと考えられている。より一般的に言えば、音楽以外の何かを表したり象徴したりする音楽は、必ず純粋でないとみなされる。つまり、聴取経験に標題――音楽を物語的に解釈する手がかりを与えるテクスト――などの明確な思想を伝達する音楽以外の手段を入りこませる音楽は不純ということだ。したがって歌曲は、無意味な音節の発声やスキャットだけで出来たごく一部を除いて、すべて不純である。オペラも同様だ。同じ理由で、バレエなどの音楽を伴う舞踊も不純な芸術とされる。

こうした見方をもとに、十九世紀のヨーロッパで台頭した純粋主義は、大部分の音楽の価値を下げて一部の音楽の価値をつり上げた。純粋主義者によれば、ワーグナーは、「総合芸術」つまり混合メディア作品で、音楽が補助に回ることを奨励した点で完全に間違っている。ワーグナー主義が目指す先は、『ファンタジア』がベートーヴェンの《田園》に子鹿やケンタウロスを添えたようなことを、作曲家公認で行なう高級版にすぎない。『ファンタジア』でバッハの音楽に幾何学図形があてられたのも、この点では変わらない。私のコンピュータの視覚化プログラムは、そのプロセスを自動で行なっているだけだ。これらはすべて、音楽の外に目を向けさせ、経験の純粋性を汚すものとされる。

しかし、ラジオの番組編成や音楽産業での売り上げ——最近だとさらに音源ダウンロード——の状況から判断するに、純粋主義の理念に従っている人はほとんどいない。というのも、器楽音楽は、歌詞のある音楽に比べて人気がないからだ。最も人気のある器楽音楽は映画のサウンドトラックだが、それらは特定の物語や登場人物、出来事と関連づけて聴かれている。またサウンドトラックのなかでも、器楽音楽だけのサウンドトラックで一番人気のある『スター・ウォーズ』より、セリーヌ・ディオンが歌った歌詞つきの主題歌が入っている『タイタニック』の方が、主題歌のおかげで十二倍も売れている。クラシック音楽をみても、過去二十年間の最大級ヒットであるロンドン・シンフォニエッタによるヘンリク・グレツキの交響曲第三番は、オーケストラとソプラノ歌手のための作品である。だがそれも『スター・ウォーズ』の半分も売れていない。ノーマン・レブレヒトの見立てでは、これまで制作されたクラシック音楽の録音作品の売り上げをすべて合わせても、ビートルズというひとつのポップスグループの売り上げには勝てない〔Lebrecht 2007〕。こうした状況は、フランク・ザッパが作曲家志望者に言った次の皮肉なアドバイスを裏づけている。「器楽音楽に興味があるやつなんてこの国にはいない。アメリカの大衆に向けた音楽エンターテインメントで食っていきたいなら、なんとか人の声を乗っける方法を考えた方がいい」〔Zappa 1989〕。ザッパは、純粋音楽があまり受けないとわかっているのだ。

誇張になるかもしれないが、純粋主義者であれば、こうした音楽の趣味のパターンをみて、大衆は音楽を音楽として鑑賞していないと結論するだろう。大多数の人の音楽を聴く能力は、バッハのプレリュードを大きな弦楽器がギコギコいうものとしか思っていない無知な学生と同程度というわけだ。

純粋主義に賛成するか反対するか結論を急ぐ前に、純粋主義の根本的な考えから生み出される興味深い問題をみてみよう。それは、一部のクラシック音楽のみに関わる問題ではない。たとえば、ムスティスラフ・ロストロポーヴィチによるバッハのプレリュードの演奏に視覚的な翻訳を加えた場合、その音楽的純粋さが汚されてしまうとしよう――多くのバッハ愛好家はヨーヨー・マの映画『ミュージック・ガーデン』を観てそう思うのだが。すると、ジャコ・パストリアス版の《ドナ・リー》に『ファンタジア』式の動画をあてるのも同じ理由で批判されるだろう。問題は、純粋主義者が、音楽にそうした視覚的翻訳を与えることを批判するのであれば、音楽に言語的記述を与えることも同様に批判しなければならないように思われることだ。記述やラベルは、画像と同じく音楽を「汚染」しうるものである。だがそうすると、「バロック様式のプレリュード」や「アルトサックスのためのビバップ曲のエレキベースアレンジ」といった、言語で記述される情報を与えられて音楽を聴くことは、どうやって認められるのだろうか。こうした情報も、音楽経験を不純にする邪魔物になるのではないだろうか。さらに、〔文化史家の〕ジャック・バーザンに言わせると、器楽音楽の作品は、作曲家がそれを序曲や幻想曲などと名づけた途端、その標題に従ったものになる――〔エクトル・ベルリオーズの〕《幻想交響曲》がその例だ〔Barzun 1996〕。たとえ音楽が音楽以外の何か「について」のものであるかどうか明らかでないときでも、作曲をする際に働いている思考は言語使用に支えられているし、その音楽鑑賞も言語に依存しているだろう。

こうした疑問に対する応答方針の違いで、純粋主義者は二派に分かれる。極端な立場をとる一部の芸術愛好家は、抽象絵画や絶対音楽といった純粋芸術は、最大限に受容的な態度によって最もよく鑑賞されると主張する。彼らによると、純粋な反応と学習に基づく反応は相容れるものではなく、専門的な用語や分類、記述の押しつけは、作品の視聴を台無しにしてしまう。というのも、それらが純粋な知覚的反応を妨げるからだ。他方で、この点に反対する立場もある。それを、「洗練された純粋主義」と呼ぼう。この立場は無知であることをよしとしない。バッハのプレリュードを正しく鑑賞するためには、〔音楽以外の〕何かを思い浮かべるのではなく、それに対して抽象的に反応すべきではあるのだが、洗練された純粋主義によるとその鑑賞は、この曲がバロック音楽であるとか、このプレリュードが自由なリズムをもつ幻想曲の一種である（そして、決められた舞踊のリズムをもつロンド形式のガヴォットとは異なる）等々を知っていることで、いっそう高められるのである。あるいは、この曲がチェロのための無伴奏作品としては最初期の作品にあたるという事実を考慮することも重要かもしれない。これは、パストリアスの《ドナ・リー》がアルトサックスのビバップ曲をエレキベースで弾いたものであると知っていることが重要だという先ほどの論点と同じである。

ここでジレンマが生じる。一方で、純粋音楽の重要性に傾倒しすぎることは、音楽について語る専門用語を身につけるのをよしとする普段の実践と衝突する。しかし他方で、もし分類や説明のための言語を使うことが認められるのだとしたら、どこまで許容されるのか線を引くのは難しい。専門的な解説の目的が音楽を聴くための指針を示すことであるなら、歌詞や視覚的なヒントも聴取の指針として認められるのではないか。交響曲を聴くときに与えられる情報が、トッカータやフーガに関する解説であれ、印刷された楽譜であれ、ケンタウロスのアニメーションであれ、音楽以外の何かが理解の指針を示し、聴取経験を変化させている点は変わらない。だとすれば、バッハの無伴奏チェロ組曲を視覚的に表す映画を作らせ、バッハをより親しみやすいものにしようとしたヨーヨー・マの試みも称賛しなければならなくなる。以上の点を考慮すると、洗練された純粋主義が説得力をもつためには、聴取の手助けになる指針と損なわせる邪魔者を区別する適切な基準を与える必要があると言えるだろう。この方針の第一歩として、次に、言語がどのようにして思考と知覚を導くかを考えよう。

3　言語と思考の交わり

第1章と同じく、ここでも音楽以外の話題から出発することが助けになるはずだ。そこで、ハーヴァード大学で学んでいる学生を考えてみよう。彼らのどこが優れているのだろうか。ハーヴァードなどの一流大学は、かなり選抜的で、最高水準の学生だけを集めているという通説があるが、大学で教鞭をとっていた哲学者のロバート・ポール・ウルフは、自身の経験からそれに疑問を投げかけている。彼は次のように述べている〔Wolff 1969, p. 62〕。

私自身の経験から言えば、ハーヴァードでも、シカゴでも、ウェルズリーでも、コロンビアでも、私が教えた大学のクラスでは、A評価の学生と他の学生とでは、出来にかなり大きな差がある

（……）最も優秀な学生の書き物への添削は表現のニュアンスや細かい議論の進め方に関するものだが、下位の学生となると、簡単な論理的区別をきちんとつけるための英語文法の構造を習得させるのにも苦労する。

ウルフは英語を教えていたわけではない。教えていたのは哲学だ。しかし、哲学ができるようになるためには、学生は微細な言語構造に敏感でなければならない。単純な例として、「私の母親のいとこの夫」の語の順序を入れ替えて「私のいとこの母親の夫」にすると何が変わるかを考えてみよう。これら二つのフレーズは同じ三つの関係〔いとこである、母親である、夫である、という関係〕に言及しているが、ふつう、両者はまったく異なる人物を指している。けれども、これらの関係を記述する語を知らない人は、この違いを考えてみることすらできないように思われる。ウルフは、この例と同様の点を論理的な関係について問題にしており、言語の微細な特徴に無頓着な人には理解できない論理的な区別や関係が存在すると主張している。要するに、ある種の概念理解や認知が可能になるためには、言語の使用能力が不可欠だということだ。

ウルフの主張を理解するための例として、次の二つの文を考えよう。二つは非常に似ているが、今夜の予定についてまったく異なる約束を述べている。

・もしベートーヴェンとグリンカが演奏されるなら、今夜の管弦楽コンサートに行きます。
・ベートーヴェンかグリンカが演奏されないかぎり、今夜の管弦楽コンサートには行きません。

第一の文の場合、この日のプログラムに両方の作曲家の曲が含まれていることは、話者がコンサートに参加することの十分条件となっている。このとき、〔どちらの作曲家の曲も演奏されなくても〕プログラムにフランク・ザッパの室内楽が含まれているとわかった場合、話者がやはり行きたいと思う可能性は残されている。これに対し第二の文では、二人の作曲家のうちの少なくとも一方の作品が含まれていることが必要条件になっている。しかし、第一の文とは違って、たとえミハイル・グリンカの《スペイン序曲第一番》が演奏されるとしても、話者がコンサートに行かない可能性も残されている。第二の文が述べているのは、先の二人の作曲家のどちらかの曲が演奏されなければ話者がコンサートに行くことはないということだけである。もちろん、ザッパの曲が演奏されても行くことはない。

今の例のポイントをきちんと押さえておこう。「〜でないかぎり」と「もし〜ならば」の違いをわかっていない人は、ある状況と別の状況の関係を考える際に、必要条件と十分条件の論理的な違いをごっちゃにしてしまうということだ。さらに重要なのが、これらの論理的関係を表す言葉をもたない人は、そうした関係について考えることすらできないという点である。（もちろん、ここで言っているのは、「もし〜ならば」という特定の語句をもたない言語では十分性という関係が表せないということではない。十分性関係を表す表現は言語によって異なるし、同じ言語のなかでも――英語でもそうだが――それを表す複数の表現がある。）

以上のことを音楽に当てはめれば、問題は、適切な語彙を使える人だけがわかる音楽的な関係というものが存在するかどうかだ。言い換えれば、自分が聴いている音楽を記述するための語彙を使えないことは、その音楽を満足に理解していない証になるのか、ということである。言葉で記述できない人には聴き取れない重要な音楽的特徴・関係というものはあるのだろうか。私はあると考える。しかも、そうした特徴や関係の一部は、音楽に触れるうえで驚くほどに基本的なものだと主張したい。

手始めに、何らかの記述的な言葉を学んでいる必要があるという点を支持する簡単な例をみてみよう。「チューニング」と「演奏」という語を考えてほしい。これらは行為を分類する語だが、行為の分類には、ある状況で直接知覚できるものを記述する以上のことが含まれる。たとえば、大学で授業をするとき私は、発言したいという合図のために学生が手を動かしていないか注意している。ときに、手を振っている学生に対して発言を促すと、発言したいのではなくただ腕を伸ばしていただけだったと返答されることがある。けれども別の機会には、同じ動きが発言を要求する動きとなる。目に見える振る舞いは同じでも、腕を伸ばすことと合図を送ることは非常に異なる行為なのだ。音楽でも同じことが言える。コンサートが始まる前に到着した聴衆は、演奏家たちが楽器をチューニングするのを聴くことがあるが、この行為を演奏行為と混同してはならない。チューニングは音楽を演奏する準備としてなされる行為であり、奏者たちの出すどの音も外れていることにはならない。しかし、聴衆のなかには二つの違いを区別できない人もいる。つまり、ここには耳に触れる以上の違いが存在するのだ。

この違いが誰にでも明らかなものでないことは、元ビートルズのジョージ・ハリスンがチャリティーコンサートとして行なった一九七一年の『バングラデシュ・コンサート』の音源や映像を視聴すればわかる。このコンサートのオープニングである、インドの音楽家ラヴィ・シャンカルとアリ・アクバル・カーンによるシタールとサロード〔インド古典音楽の弦楽器〕のデュエット合奏を聴いてほしい。シャンカルがアメリカの観客たちに、どうぞお聴き下さいと述べたあと、三つの弦楽器〔前述の二つと伴奏のタンプーラ〕が短いフレーズを鳴らす。音が止むと、多くの観客が拍手を送る。そこでシャンカルはこう言うのだ。「ありがとう。チューニングでこれほど喜んでくれるなら、演奏ではもっと楽しんでくれるだろう」。それから四人〔もう一人はインドの打楽器タブラの奏者〕は目玉の楽曲である、ベンガル民謡をもとにした長めの即興《バングラ・デューン》を演奏する。〔ハイカルチャーで民俗音楽のメロディが取り入れられることに関しては、本章の少し後で論じる。〕

シャンカルは、西洋の聴衆が音楽の演奏という概念を楽器のチューニングに誤って適用すると予測してこのジョークを用意していたのだろうか。他の合奏メンバーもこのジョークで笑っているところをみると、それはおそらく咄嗟の思いつきだったに違いない。いずれにせよ、このジョークは、聴衆がチューニングと演奏の違いを理解していることを前提とするものだ。しかし、チューニングの概念と演奏の概念は、互いに関係づけられた複雑な概念である。チューニングの概念をもつためには、いくつかの楽器を一緒にチューニングする必要があることを理解しなければならず、そのためには先立って、合奏で音が合うとか外れているとはどういうことなのか、さらに、いくつかの楽器はチューニングされた状態を長く保っていられないということを理解していなければならない。また、チューニングは準備にあたる行為であり、そのときの音は聴衆のために出されているものではない。他方で、演奏された音は聴衆のためのものだ。こうしたチューニングと演奏の関係を理解していない人は、演奏家と聴衆の関係にとってどの音が重要であるのかを知らないことになる。そして、それを知らない人は、音楽が演奏されているときでも、本当に音楽を聴いているとは言えない。このように、音楽を耳にしていてもそれがわからないという状況はある。そして、音楽が始まったかどうかさえ把握していないのは、まさに音楽がわかっていない状況だと言ってよいだろう。

　話を戻して言語の能力に関わる論点を明らかにしよう。ここで重要なのは、「チューニング」という具体的な単語の問題ではない。「チューニング」という語を使わずにチューニングを行なっている音楽家もいるかもしれない。そうした人は「調和させる」とか「うまく合わせる」とか、「準備する」といった言い方をするかもしれない。重要なのは、こうした言葉によって取り上げられているのは、他の行為との関係のなかでのみ存在するようなかなり細かく特定された行為だということ、そして、言語をもたずにここまで細かいレベルで概念を区別するのは不可能だということである。チューニングと演奏の話は出発点にすぎない。ほとんどの音楽文化では、練習と上演の違いなど、さらに多くの細かな違いがある。このように、言語との関係という点で、音楽の理解は哲学の理解と非常によく似ているのである。

　再びウィトゲンシュタインの例を借りて、犬がドアのそばで物音を聴く状況を考えよう。〔物音を聴いて〕犬は飼い主が家に帰ってきたと信じるだろう。そこで、ウィトゲンシュタインは次の問いを投げかける。「犬は自分の主人が明後日帰ってくるということも信じることができるだろうか」〔Wittgenstein, 1953 p. 174〕。いや、犬にはこのような思考はもてない。なぜなら、犬はこれほど複雑なレベルの思考を組み立てることができないからだ。そして、犬がこうした思考を組み立てることができないのは、さまざまな記号の組み合わせができるほど複雑な言語をもっていないからである。もしウィトゲンシュタインの論点が説得的でないと思うならば、先ほどの問いの「明後日」の部分を「六月の第二水曜日」に変え、そのフレーズで表される思考を犬が形成できることを示してもらいたい。未来の特定の日を正確に指し示すことは、言語で記号化される複雑な分節なくして不可能なのだ。前に述べたように、これと同じことが、合奏でのチューニング行為を知識に基づいて聴く場合についても言える。音楽に関わる活動にはさまざまな種類の音楽的行為が含まれているため、音楽の聴覚的要素だけでは、特定の状況で注意を向けるべき特徴に気づけないことも多い。簡単な単語でも、さまざまな関係から成る複雑な体系に依存していることがある。たとえば、「水曜日」が七日からなる一週間のうちの特定の日を指し、「七月」が周期的な暦の中の一ヶ月を指すように、「チューニング」と「演奏」は、音楽パフォーマンスにまつわる文化体系のなかで異なる位置をもつ異なる行為を指しているのである。

ここまで「チューニング」や「演奏」という語、また、それらに対応する概念を重点的に扱ってきたが、こうした種類の語に注目する方針は一般的ではない。音楽の知覚において言語が果たす役割を検討する際には、ふつう、音楽の構造や関係に関する用語が取り上げられる。そうした用語は、私が挙げた語のように音楽を演奏する人や彼らの行為を記述するのではなく、音楽そのものを記述しているという理由で、真に重要なものに思われるかもしれない。とはいえ、音楽の構造についても同じことが言える。たとえば、ハ長調の属七の和音〔Cメジャーのドミナント・セブンス〕という概念は、特殊な音楽実践のなかだけで登場する、専門的で言語に依存した関係である。属和音に適切な四つめの音――根音の七つ上の音――を加えた和音は、多くの音楽文化の音楽家たちに用いられている。しかし、この音の組み合わせが「ハ長調の属七の和音」と記述される特別な関係に当たるのは、その音楽文化で全音階的和声が使われているときに限られる。もっと言えば、この和音が属七の和音という特定の種類の和音として概念化されるのは、その文化で平均律という現代ヨーロッパの和声体系が採用されているときのみである。（アナロジーを使えば、誰かの腕をつかむ行為が脅迫や暴行になるのは、言語に依存した適切な概念が認識されている法文化の文脈のなかのみである。）そのため、平均律音階の体系を理解するための適切な分類概念がない中世の教会音楽やヒンドゥスターニー古典音楽には、属七の和音というものは存在しない。

私が思うに、音楽に関わる行為を記述する言葉の方が、音楽の構造を記述する専門用語よりも重要である。たとえば、次に挙げるのはワーグナーがベートーヴェンの交響曲第九番について述べた主張である。もしその主張が正しければ、〔その主張には専門用語が使われているようにみえるので〕この曲を鑑賞するためには専門的な概念に通じていることが必要であり、そのためにはたくさんの専門用語を知っている必要があるように思われるかもしれない。しかし、スティーヴン・デイヴィスも疑問を挙げているが〔Davies 2011〕、本当にそのすべてが専門的な言葉だろうか。ワーグナーは次のように書いている〔Wagner 1964, p. 305〕。

アレグロ楽章にあるいくつかの中心的な動機《モチーフ》に注意を向けてみると、それらがつねに、アダージョ楽章から派生した旋律的な特徴に強く影響されていることがわかる。ベートーヴェンが書いたアレグロ楽章で非常に重要とみなされているものは、たいてい軸となるひとつのメロディによって支配されており、深い意味においてはアダージョ楽章に属するものになっている。

ここに書かれていることのうちのどれだけが音楽にのみ適用される言葉だろうか。確かに「メロディ」はふつう音楽に使われるものだが、「動機」「アダージョ」「アレグロ」はどうだろう。後者二つは、単なる外国語（イタリア語）であり、専門用語ではない。アダージョは「ゆっくり」、アレグロは「速く」という意味なのだ。もし音楽を聴くためにテンポに関する言語依存的な分類が必要だとすれば、音楽に拡張されて使われている非音楽的な用語〔の知識〕も必要になるだろう。同様に、「動機」は一般的な文脈で使用される語である——そのため『オックスフォード音楽辞典』にはこの語の項目はない。けれども、この語は〔先ほどの引用で〕特別な音楽的フレーズを意味するものとして使われており、その使い方を教えてもらわなければならない人もいるはずだ。この引用でワーグナーが述べているのは、ベートーヴェンが作曲した複数の区切りをもつ作品では、速く演奏される部分で重要な役割をもつ音楽的フレーズが、その作品のゆっくり演奏される部分からとられたメロディを変形したものになっている、ということである。ワーグナーは、曲全体に統一性を与える根本構造を聴くよう勧めているのだ。これは興味深い経験的仮説だが、音楽のみに当てはまる専門的な考えというわけではない。ワーグナーが訴えているのは、芸術形式の統一性に関する一般原理である。同様の考えは、詩を分析したり、同じように編集された二つのシーンがある映画を観たりしても理解できるだろう。

ワーグナーの指摘は、人間の想像力の産物である複雑な作品に細部構造の反復が統一性を与えるということであり、音楽に限った専門的な論点ではないのである。

私の議論をまとめよう。音楽に固有の特徴を表す専門用語を知らなければ音楽に対して適切に反応できないような、非常に専門的な状況もあるかもしれない。しかし、専門用語を知っていれば十分な状況というものはない。なぜなら、専門用語が足場を得るためには、「チューニング」「練習」「プレイ〔演奏〕」といった音楽に固有でない語も知っている必要があるからだ。フルート奏者はここにはいないと思いつつフルートが演奏されていると考えることなどできない、と述べたソクラテスは正しい。音楽制作に関する語や概念を知らなければ、音楽的なものの経験はもてるかもしれないが、音楽の経験にはいたらないのである。

4　命題知と技能知

本節では〔先ほど述べた〕私の見解をより詳しく説明しよう。それは、ハ長調の属七の和音という概念に代表されるような専門知識をもっているだけでは音楽鑑賞に十分ではないというものである。鑑賞には、そうした専門知識の他にも言語に依存した概念が必要なのである。とはいえ、言語を身につけていれば十分というわけでもない。これまで述べてきたいくつかの理由から、音楽鑑賞には言語獲得以前から身につけられているような、音の音楽性を把握する能力も必要だと考えられる。たとえ先天性の失音楽症の人が〔音楽に関する〕言葉の使い方を学んだとしても、音楽を聴けるようにはならない。実際はむしろ反対で、失音楽症の人は音楽鑑賞に必要な言語を獲得できず、そのため音楽がわからないのだ。

ここで押さえてほしいのは、二つの知識形態、概念的な命題知と実践的な技能知の関係である。私が何かが成り立つということを知っているとき、私は事実を手にしている。たとえば、私は一マイル〔一・六キロ〕を四分以下で走ることのできる走者がいるということを知っている。また、初めてその記録を打ち立てたのがロジャー・バニスターであることも知っている。しかし私は、どうすれば自分が一マイルを四分で走れるのかは知らない。もちろん、理論的にはどうすればいいか知っている。速く走ればいいのだ。けれども、これは最初に述べた命題知を言い換えているにすぎない。つまり、私は人が一マイルを四分で走れることを知っているし、そのためにどれだけ速く走らねばならないのかということも知っているわけだ。しかし、本物の技能知は、やろうとしたことを自分で実際に行なえる能力である。そして、私は一マイルを四分で走れない。つまり、命題知をもつからといって技能知をもつとは限らないのである。先天性の失音楽症の人は、メロディとは高低のある音が特定の仕方で連なったものであるという事実や、ベートーヴェンが同じメロディを少し変化させて三つの異なる作品――歌曲《相愛》、一八〇八年の《合唱幻想曲》、交響曲第九番の《歓喜の歌》のテーマ――で用いたという事実を暗記できるかもしれない。しかし、失音楽症の人は、その知識を〔それぞれの音楽に〕当てはめることができない。たとえば、各作品の録音を聴きながら適切なタイミングで「これだ！」と指摘することはできないだろう。だとすれば、その知識は理論的なものでしかない。当のメロディに関する事実をどれだけ知っていても、それが理論的な知識だけにとどまるならば、メロディを音楽的に理解しているとは言えないのである。

以上の点を哲学でおなじみの専門用語を使ってまとめると、次のようになる。音楽に関する適切な理論的・命題的知識をもつことは、音楽の聴き方を実践知としてもつために必要ではあるが、十分ではない。〔一般的に言って〕ある目的を達成するためには多くのものが必要になるが、〔それをすべて揃えても〕十分とは限らない。たとえば、一千万ドルもっていても、ヨハネス・フェルメールの絵を購入できるとは限らない。フェルメールの絵は数が少ないので、ひとつも売りに出されていない可能性も大いにあるからだ。とはいえ手に入れようと思ったら、一枚あたり一千万ドルは確実に必要になるだろう。これと同様に次のように言える。あなたはこれまでJ・S・バッハの《無伴奏チェロ組曲第一番》のプレリュードやシャンカルとカーンによる《バングラ・デューン》の演奏を聴こうと思ったことがないかもしれないが、もし聴こうと思ったら〔適切な〕聴き方を知るために、それらに関わるさまざまな事実を知る必要があるのだ。

さらに、先のシャンカルとカーンの例からわかるように、一部の音楽の聴き方を知っていてもあらゆる音楽の聴き方を知っているとは限らない。もちろん、これはコンサートマナーの話ではない。シャンカルの音楽の聴き方を知るためには、楽器のチューニングには特定の目的があること、シタールとサロードはチューニングが必要な楽器であること、それらのチューニングが普通は演奏前に舞台上で行なわれること、チューニングと演奏では楽器から出される音の目的が違うこと、を知らねばならない。音楽を鑑賞するためには、単に音同士の構造的な関係を聴くよりもはるかに多くのことが必要になる。つまり、演奏者が観客に聴かせようと意図した音とそうでない音の違いを理解し、その理解をもとに耳を傾けることが必要なのだ。

こうした人間の行為者性に関わる判断〔人が何をしようとしているかに関する判断〕は、時間的な関係についての複雑な判断に支えられている。先ほど、犬は明後日のことを予想できないというウィトゲンシュタインの例を挙げたが、その例はまさに、時間についての経験が言語によって形づくられていることを示している。これと同じく、人の行為者性を認識したり評価したりする私たちの反応も、時間の関係に関わる概念によって形づくられている。人間の生活形式は、過去・現在・未来の出来事の複雑な関係を考える能力に根源的な仕方で結びついている。そして、人の生活の音楽的側面も例外ではないのだ。

この要点を理解するうえでも、音楽以外の例をみるのがよいだろう。人の生活の情動的側面は、他の人々が自分に対して行なっていることに関する判断と、自分が他の人々に対して行なっていると思っていることに関する判断を含んでいる。情動状態は次々と浮かんでは消えていくだけのものでないということは、アリストテレスから現在まで哲学者たちが繰り返し強調している。人は悲しみや喜びを受動的に感じるだけの存在ではなく、自分の情動の主体である。というのも、情動の形成には私たち自身の判断が影響を与えているからだ。とくに未来に関する判断が重要かもしれない。ロバート・ソロモンが指摘しているように、「情動には未来への意図が含まれている」〔Solomon 1976, p. 120〕。情動は行為の方向を決定するのだ。たとえば、怒りと羞恥とでは促される行為のパターンがまったく異なっている。怒りは暴力を促すが、羞恥は隠蔽を促す。たとえば、あなたが職場の冷蔵庫に入れていたチーズケーキの残りを私がつまんでいて、それをあなたに見られたとしよう。このときの私の羞恥は、顔を赤くしたり特定の感覚をもったりすることに尽くされない。さらに、自分の行儀の悪い振る舞いを隠そうとする傾向も含まれている。そこで私は、チーズケーキを冷蔵庫の奥に押し込み、慌てて自分の弁当に手を伸ばしたりする。また、現場を押さえられたのでもう手遅れだと思った場合には、しどろもどろで謝るだろう。こうした反応が合理的だと言えるのは、このとき私が次のことを信じているからである。それは、怒りによってあなたは私がチーズケーキ泥棒だと他の人に言いふらすかもしれず、私はそれを聞いた人とこれから付き合いづらくなるかもしれない、ということである。

音楽と情動の関係については第3章でより詳しく取り上げる。ここで重要なのは、過去や現在が未来にどう関係しうるのかについての理解が、情動のありさまに影響を与えるということである。未来のある時点に起こる出来事について信念を形成するというウィトゲンシュタインの例と同様、盗み食いの恥ずかしさの例は、自動的にみえる反応が言語に導かれている可能性を示している。私が所有代名詞および「盗む」という動詞（あるいはそれと同等の動詞）を知っていることが、所有権とその侵害についての理解につながっているからこそ、チーズケーキの盗み食いに恥を感じるのだ。またあなたの方も、同じような内容の言語依存的な思考が知覚に影響を及ぼすからこそ、私の盗み食いに怒るのだろう。

ありがちな誤解を避けるために、ひとつ反論を取り上げておこう。よく言われるのは、情動は人間がもつ普遍的な特性なのだから、羞恥が言語使用に依存するはずがない、というものだ。しかしこの反論は次の点を見落としている。それは、生得的な能力も、言語の影響によって、特別複雑な社会的交流のなかにのみ存在するような〔社会的で特殊な〕場面で働くようになる、ということである。私が強調したいのは、乳児が生得的な能力によって単純なリズムやメロディを知覚することと、《バングラ・デューン》で行なわれるラヴィ・シャンカルとアリ・アクバル・カーンの即興の掛け合いを鑑賞することには、とてつもない違いがあるということだ（「即興の掛け合い」という表現も人間の行為者性を記述したものだ）。情動に普遍的な側面があるからといって、どういう状況でチーズケーキを食べると羞恥が生じるのかが普遍的に決まっているわけではないし、音楽に普遍的な側面があるからといって、音楽鑑賞に必要なすべてのことが普遍的なものに尽くされるわけではないのだ。

5　音楽の四つの側面

音楽には、次の異なる四つの側面がある。

・局所的な音楽的性質
・大局的な構造
・美的性質
・歴史的関係

もちろん、これで音楽のすべてが尽くされているわけではない。ここでは、音楽の経験にとって重要な四種類の性質を挙げただけだ。とはいえどの性質についても、それらを曲のうちに聴き取る仕方を知るために、言語獲得が必要となる事例を挙げられる。言い換えれば、私がこれら四つを取り上げたのは、どの性質も、基本的な理解を伴って音楽を聴くうえで言語獲得が必要条件になりうることを示しているからである。

誤解しないでほしいが、私は音楽理解のあらゆる面が言語に影響されると言っているのではない。もしそうだとしたら、きちんと理解したうえで音楽を聴く人は、音楽の語りえなさというものを決して味わえないことになってしまうだろう。だが、第4章で詳しく論じるように、たいていの音楽には語りえない側面がある。さらに言えば、音楽知覚の非常に多くの部分は、明らかに言語の獲得とは独立に成り立っている。たとえば、言語習得前の子供でも、たいがいリズムに合わせて体を動かすことはできる。あるいは、マネシツグミが別種の鳥の歌を真似ることを思い出そう。この鳥は自動車の盗難防止アラームなどの特徴的な音の連なりさえも真似できる。それゆえ、特定の音のパターンを知覚し記憶することが言語使用に必ずしも依存するわけではないのは明白だろう。

本節では言語と局所的な音楽的性質の関係を取りあげよう。とくに注目したいのは、音楽が時間のなかで現れる仕方である。局所的な音楽的性質の「局所的」の意味は、任意の時点でその性質の存在あるいは不在を直接知覚できる、ということである。たとえば、メロディやリズムがこの種の性質だ。これらを知覚するためには、音の連なりに耳を傾けなくてはならない。そして音の連なりを、変化しているものとして、さらに、パターンをもつものとして知覚しなければならない（変化がなければ音の違いが区別されなくなり、パターンがなければ音の連なりの特徴がなくなってしまう）。だが、聴覚的な変化を察知するには、今この瞬間だけに限定されない持続的な経験が必要となる。したがって、メロディやリズムのような局所的な音楽的性質の知覚は、明らかに、短期的な記憶を形成する能力に支えられている。つまり、次に起こる経験と比較できるように、関連する前の経験を記憶に留めておく能力が不可欠なのだ。

たとえば、音楽的なリズムを知覚するためには、音のパターンのなかで繰り返し現れる強拍に気づく必要がある。だがそれに気づくためには、ある瞬間に耳に入ってきたもののすべてに気づくだけでは不十分である。リズムを聴き取るには、変化を経験し、それを記憶し、それが繰り返されていることを認識し、再びそれが現れることを予期しなければならない。(なお、変化が知覚される瞬間の経験が正確にはコンマ何秒であるかについて心理学者のあいだで論争があるが、その答えはここで問題にしている哲学的な論点には影響を及ぼさないだろう。)ジェロルド・レヴィンソンの指摘を借りて言えば、音楽経験には、瞬間的な変化の連続に対する耳の傾け方を知ることで「時間的な幅のある音楽を聴いているように感じる」という準聴取の能力が必要である。準聴取ができるということは、連続した楽音のなかで「ある瞬間の前後にある音楽を(……)聴覚的に統合する」仕方を知っているということである〔Levinson 1997, p. 15〕。

準聴取の重要性は、まとまりのある音の一貫した流れを経験できるようにする点にある。それがなければ、瞬間ごとの音の変化は聴けても、メロディを聴くことはできない。始まり、終わり、移り変わりを聴くことはできないのだ。次の例を考えてみよう。ミハイル・グリンカの《スペイン序曲第一番》の三分あたりに入る三拍子のカスタネットは、非常に印象深い瞬間を作り上げている。失音楽症の人も、この瞬間の変化を聴くことはできる――混じり合った音のなかに目立つ雑音が加わった、としか聴かないだろうが。しかし、音楽を聴くことのできる人はそれ以上のものを聴いている。そうした人は、移り変わりを示す一瞬の静寂のあと、テンポが加速し、打楽器が特徴的なリズムで軽快に演奏され始めたのを聴いているのだ。両者の耳に届いている音波は同じなので、こうした経験の違いは、音楽を聴くことのできる人だけが知っている聴き方があるために生じていることになる。つまりその人は、複数の音をどのようにまとめ、そこから後に続く音をどう予期すべきかを知っているのだ。

しかし、音楽が多少なりとも複雑になれば、その構造や関係は非常に単純な準聴取だけでは捉えきれず、それを聴くために言語による記述の助けが必要となるように思われる。スティーヴン・デイヴィスの言葉を借りれば、聴くに値するほとんどの音楽の聴取には、「主題、展開、転調、和声上の解決といった高階の複雑さをもつ」音楽的性質を識別する能力が必要とされる〔Davies 2011, p. 102-103〕。たとえば、聴き覚えのあるメロディが再び出てきたと気づくことと、ソナタ形式の第一楽章の再現部が始まったと気づくことには、かなり大きな違いがある。後者には、前者にはない期待や理解が含まれるのだ。そして、再現部が始まるという概念を説明できない人には、再現部が始まったことを経験するために必要な期待を形成できないように思われる。この点は、私の飼い犬が「今月の第二日曜日に私が次の学会出張から帰ってくる」という思考を形成できそうもないことと同じだ。もちろんここでも、特定の語や表現を問題にしているのではない。「再現部が始まる」という表現を知らなくても、適切な別の表現を知っていれば十分である。

最後の論点は、他の局所的な音楽的性質に気づく多くの事例にも当てはまる。メロディのゲシュタルトが局所的な性質であるとすれば、メロディを展開させる標準的な手法の多くも局所的性質だろう。

たとえば、多くのヘヴィメタルのギタリストは自分がソロで用いる転回《インヴァージョン》や逆行《レトログレード》による変奏について語れるくらい十分な訓練を受けているが、メタルファンでそうした語彙を知っている人はほとんどいない。しかし、デイヴィスが指摘しているように、主題の逆行と転回を知覚できるレベルの識別能力を身につけるには、その二つを異なる語彙で区別する何かしらの能力が必要である。デイヴィス自身が挙げている例はヘヴィメタルではないが、ヘヴィメタルの多くの観客も、一貫性のあるギター・ソロとでたらめに並べられた音の違いを聴き分けられる。そうした鑑賞ができるファンは、ある旋律が逆から進行したあと〔逆行〕、今度は上下がさかさまになって進行した〔転回〕と語ったり、あるいは適切な別の表現を使ってそのことを述べたりするかもしれない。ともかく、それを説明する何かしらの語がなければ、ファンたちは、〈大きな知覚的変化を生みつつも内的関係を保っている音の連なり〉という基本的な概念をもつに至らないだろう。言語の助けを借りたこうした実践的理解がなければ、大部分の器楽音楽の聴取はひどく表層的な知覚にしかならない。そうした聴取では、《歓喜の歌》と《星条旗》の主題が違うことは認識できるかもしれないが、具体的に何が違いを生み出しているのかについては、まったく、もしくは、ほとんど気づけない。そのように聴く人の経験は、コンサートでシタールのチューニングに拍手を送る観衆の経験と同様、未熟で根拠がないのである。

6　歴史、スタイル、美的性質

歴史的性質や美的性質、および両者の関係を考えると、音楽の聴取はさらに複雑であるとわかる。

歴史的性質は、作品が生まれた時代や場所と本質的に結びついた性質である。〈作者が誰々である〉という性質がいい例だ。これは音楽作品がもつ重要な歴史的性質である。少し前にバッハの《トッカータとフーガ ニ短調》に触れたが、実はこの作品の作曲者がバッハではないと考えている学者もいる。とくに重要な手がかりとされているのは、曲の構造とハーモニーが単純すぎることだ。あるいは、バッハが元々書いたのはヴァイオリンのための作品だったが、別の人によってオルガン用に編曲されたと言われることもある。こうした例をみればわかるように、芸術作品がもつ歴史的性質は〔作品を聴くだけで〕すぐ明らかになるようなものではない。これとは対照的に、美的性質は経験に関わる要素であり、そのため経験の質を直接に左右する。美しさと醜さはその筆頭だ。〔訳注 美的性質は審美的な評価の対象となる性質であり、ポジティヴなものだけでなくネガティヴなものも含む。より詳しくは第4章第4節および第5節を参照。〕美的性質の他の例としては、《トッカータとフーガ》の荘厳さ、W・A・モーツァルトの多くの作品にみられる優美さ、ラモーンズの歌曲《ティーンエイジ・ロボトミー》の単純明快さ、などが挙げられるだろう。荘厳さや単純明快さは知覚できるものなので、美的性質は歴史的性質と違って自明なものとして経験されていると考えてしまうかもしれない。けれども、歴史的性質と同様、美的性質が見逃されたり誤って知覚されたりする場合もある。

ケンダル・ウォルトンはピアノ音楽の美的性質を取り上げているが〔Walton 1970〕、〔それにならって〕ピアノ音楽がもつ美的な繊細さを考えてみよう。たとえば、クロード・ドビュッシーのピアノ作品やエリック・サティの初期のピアノ音楽は、「ハンマーがないかのよう《ハンマーレス》」と言われる。しかし、ピアノは音階のある打楽器で、その音は、鍵盤に加えられた力が伝わったハンマーが〔ピアノ内部に〕

張られた弦を叩くことで生み出されている。この楽器で演奏された音楽を先天性の失音楽症の人が聴いても、どこも繊細に感じないだろう。どんなピアノ音楽であろうと、彼らに聴こえるのは、猫が鍵盤の上を歩くときに私が聴くようなものでしかない。にもかかわらず、サティが作曲した三つの《ジムノペディ》は、繊細と形容されることが多い。これはピアノ音楽の繊細さが媒体《メディウム》に相対的だからである。つまり、この繊細さは他のピアノ音楽と比較しながら聴くことでのみ明らかになる美的性質なのである。〔たとえば比較の対象として〕ニューオーリンズの巨匠ジェイムズ・ブッカーの演奏を考えてみるといい。彼の演奏は驚異的だが、いまだかつて繊細と形容されたことはない。（ちなみにショパンの《小犬のワルツ》を遊び心満載のアレンジで軽々と弾きこなすブッカーの演奏〔《ブラック・マイニュート・ワルツ》〕はぜひ一聴をおすすめする。）もちろんここでも「繊細」という特定の単語が使えるかどうかが問題なのではない。重要なのは、繊細なピアノ音楽の美的経験を導く適切で複雑な比較判断は、言語の使用能力を前提とした細かな概念理解に支えられているということである。

話を戻して、〈作者が誰々である〉という歴史的性質が美的性質に関係するという私の考えを説明するために、次の事例を考えよう。ドミートリイ・シコスタコーヴィチが作曲したいくつかの作品には、D、Eフラット、C、Bナチュラルという進行が現れる。この音列はドイツ音名ではD、Es、C、Hと表記され、「D. Sch」と読むことができる。ショスタコーヴィチはソ連の作曲家だったので、この動機《モチーフ》は、反政府的要素を音楽にこっそり忍ばせるために彼が使った数ある手法のひとつだとみなされている。それによって彼は、文化的教養のない大衆に社会の調和と進歩を訴えようとしたというのだ。見識のある聴衆がショスタコーヴィチの交響曲第一〇番やチェロ協奏曲第一番のなかでこの動機を聴くと、それらのフレーズは作曲者本人を表しており、彼が自身の人生について何かを語っている証であると解釈できる。この動機が彼の音楽に与える美的な表現性は、こうした背景なしには存在しないものだ。このように、歴史的背景は〔作品の〕意味を形づくり、それによって、その背景なしには生じえなかった表出的性質などの美的性質を生み出すのである。

一般化して言えば、多くの美的性質は、音楽作品の歴史を知ったうえで聴くときにのみ知覚されるものである。ある美的性質を正しく捉えるためには、多くの場合、その音楽に関わる実際の歴史を把握する必要があるのだ。たとえば、その作品をいつ、誰が作曲し、その時代と場所ではどんな音楽的手段・資源が利用できたのかを知っていることが重要になる場合もある。こうした情報は、作品を構成する音そのものから示唆される関係と一致しないことも多い。たいていのスペイン音楽はスペイン以外の国で作曲されているという古いジョークがあるが、ピーター・ファン＝デル＝マーヴェに言わせれば、これは「ジョークでもなんでもない」〔Van der Merwe 2005〕。音楽のスタイルは、その発祥の地にとどまるわけではないのだ。

この点を念頭において、音楽的な独創性や新奇性が作品の美的な長所のひとつとなっている例を考えてみよう。どの音楽も何らかの点で他の音楽から派生したものであるため、ある曲がどれだけ独創的であるかは、美的判断だけでなく歴史的な判断にかかわる問題でもある。歴史を知らないと、〔作品が本当に〕新奇なのか、新奇にみえて〔本当は単に〕デタラメだったり奇をてらっていたりするだけなのかについて、誤った印象をもってしまうかもしれない。この点で、美的性質は歴史的性質に形づくられるものだと言えるだろう。たとえば、グリンカの《スペイン序曲第一番》にはどれほどの新奇性があるだろうか。スペイン音楽を聴いたことがない人であれば、カスタネットが入ってくる部分が非常に新しいと思うに違いない。同様に、この曲の主題となっているメロディも、その起源を知らない人には新しく思われるだろう。しかし、このメロディは《ホタ・アラゴネーサ》というスペイン民謡のものであり、グリンカはそれをギターからオーケストラの弦楽器に書き換えたのである。つまり、グリンカの曲をエキゾチックにしているこれらの要素は、〔民俗音楽から〕借用されたものなのだ。それでも、彼がスペインの民俗音楽をオーケストラの曲に仕立てて、西洋音楽のメインストリームに持ち込んだ点には、一定の新奇性が認められる。この観点からみると、アレクシ゠エマニュエル・シャブリエが一八八三年に作曲した《スペイン》の独創性は、はるかに低い。というのも、この作品は明らかにグリンカの一八四五年の《スペイン序曲第一番》の影響のもとに作られているからだ。もし両者の影響関係を誤解し、グリンカがシャブリエからアイデアを借りたと思って《スペイン序曲第一番》を聴くと、グリンカの独創性を過小評価することになるだろう。ひょっとすると、シャブリエも一八八二年にスペインを訪れた際に農民たちが歌う《ホタ・アラゴネーサ》を聴いたかもしれないが、そうした民俗的な旋律とリズムをオーケストラの曲に組み入れた点に彼の独創性があると評価するのは、《スペイン》の正しい聴取にならない。この間違いは、ジョージ・クルーニーのファンだというだけで映画『オー・ブラザー！』〔二〇〇〇年〕を観て、ミシシッピ州の囚人の脱獄映画を作った点でコーエン兄弟の独創性を評価するようなものだ。知識のある鑑賞者なら、この映画が昔の映画――とくに『仮面の米国』（一九三二年）やプレストン・スタージェスの『サリヴァンの旅』（一九四一年）――の伝統を反映していることがわかるだろう。『オー・ブラザー！』には、映画史的に重要ないくつかの作品同士の文化的影響関係から生じる美的な複雑さがあるのだ。そうした関係を知らずに『オー・ブラザー！』を観るのは、無価値ではないにせよ、そうした複雑さのごく一部しか理解できない表層的な鑑賞になってしまうだろう。

スペインの民俗音楽からグリンカを経てシャブリエにまで至るような複雑な因果的つながりは、文字通り、適切な言語能力なしには認識できない。こうした関係を伝えるには、たとえば英語の場合、さまざまな前置詞が必要になる。さらに、民俗音楽の概念と管弦楽法の概念をもち、両者を隔てる文化的違いを多少なりとも理解している必要もある。因果的な影響関係を知らずに曲を聴くと、誤った美的判断を下すことになるだろう。たとえばファン＝デル＝マーヴェが指摘しているように、ウィリアム・バードによる《戦争組曲》の「バグパイプとドローン」はスペイン音楽っぽく聴こえるが、実際はそうではない〔Van der Merwe 2005〕。そう聴こえるのはスペイン以外では廃れた終止法が使われているからなのだが、この曲はそれが廃れる前に作られたものなのだ。

歴史的起源に起因する美的性質は他にもある。たとえば、グリンカの《スペイン序曲第一番》には二つの地域の音楽スタイルが融合されている。そのひとつであるソナタ形式は、ヨーゼフ・ハイドンの世代の作曲家によって確立され、彼が正式な教育を受けた「古典派」のスタイルに由来するものである。第二に、この作品の主旋律、ホタのリズム、カスタネットの使用は、グリンカが一八四五年にスペインで聴いた音楽から取り入れられたものである。この「民俗」文化からの借用をとくに気に留めないクラシック音楽愛好者も多いだろうが、その借用に文化的必然性などまったくなかった。さらにこの序曲は、「スペイン風」奇想曲というひとつの長い伝統の源となっている。もしグリンカがスペインを訪れていなければ、彼以降の作曲家たちによる数々の作品は存在しなかったかもしれない。ポピュラー音楽にも同様の例がある。ジョニー・キャッシュの大ヒットソング《リング・オブ・ファイヤー》を考えてみよう。キャッシュの録音したこの曲の構造やリズム、主要な楽器編成は、標準的なカントリー・ウェスタン音楽を踏襲している。しかし、キャッシュによる一九六三年の音源の出だしは、スタイルの面で意表を突いている。というのも、メキシコのマリアッチ音楽のスタイルに則ったトランペットのファンファーレで始まるからだ。次いで、短いファンファーレが三回繰り返され、さらに、キャッシュが二回目のヴァースを歌うと期待される〔サビの前置きとなる歌が来そうな〕箇所でも、代わりにファンファーレが現れている。つまりこのアレンジには、メンフィス〔アメリカ合衆国テネシー州の都市〕とグアダラハラ〔メキシコ・ハリスコ州の州都〕の音楽が変わった形で掛け合わされているのだ。歴史的観点からすると、こうしたスタイルの融合はグリンカの序曲と同じくらい斬新である。もっとも、これらの曲の新奇性を経験するのは非常に難しいかもしれない。その曲が生まれた文脈で新しかったことを、十年後、一世代後、百年後に、新鮮な「耳で」聴くのは困難だからだ。とはいえ、最近のものでも昔のものでも、音楽的な革新を独創的・創造的なものとして経験することは、概念的知識によって形成された期待のもとでのみ可能となるのだ。

同様の例はいくらでもあるはずだが、サティの三つの《ジムノペディ》がもつ美的な繊細さの鑑賞には背景知識が必要だという考えに反対する人もいる。しかし、もしそうした知識が〔美的性質の〕鑑賞に関係ないなら、演奏家の卓越した技巧を称賛するのも間違いだと言うはめになるだろう。なぜなら、実際に演奏が難しい音列と難しいかのように聴こえる音列の違いは、因果関係の考慮なしには美的な問題とはならないからだ。たとえば、ビートルズの《イン・マイ・ライフ》で、一分半から始まる流麗で動きの速いハープシコードのソロを聴いてみよう。実のところその部分はハープシコードでそのように演奏されたものではない。スタインウェイのピアノを使って半分の速度で一オクターブ低く演奏した音源が電子的に加工されているのだ。それゆえ、《イン・マイ・ライフ》で示されている音楽的な卓越性は、キーボード演奏技術の卓越性ではない。こうした例をみてもまだ美的反応に必要なのは言語習得前の幼児でも持てるレベルの概念だけだと言うなら、《イン・マイ・ライフ》など『ラバー・ソウル』に収録された曲がもつスタジオワークの卓越性を理解し鑑賞するのに必要な思考を、幼児レベルの概念だけで形成してもらいたい。

7　芸術としての音楽、再考

先にも述べたが、純粋主義は二つのバージョンに分けられる。第一の純粋主義はクライヴ・ベルにしたがい、作品を純粋に鑑賞するためには、無知であるか、あるいは、すでに習得されたすべての概念をどうにか使わないようにする必要があると主張する立場だ。他方で第二の純粋主義によると、基本的な理解を伴いつつ純粋音楽を聴取するためには、音楽に固有の用語や概念を習得することが必要とされる。そのため、より洗練されている第二の純粋主義では、音楽的な概念・用語と、それ以外を区別しなければならない。〔そして、その区別をもとにすれば〕純粋音楽という一部の音楽は、音楽以外のことを意味するような記述や概念をもちこまずに理解できるし、実際、そうすることで正しく理解されることになる。たとえば、ベートーヴェンの《ディアベッリのワルツの主題による三三の変奏曲》と題された作品（作品一二〇）の第三二変奏を考えよう。この変奏は別の作曲家〔ディアベッリ〕によって与えられた主題をもとにしたフーガであるため、その聴取にはこの点を念頭においた反応が求められる。したがって、この二分半の変奏に適切に反応するためには、〔言語に依存した〕比較的複雑な一群の概念をもっている必要があるだろう。洗練された純粋主義は、第三二変奏の基本的な理解にそうした言語の助けが必要であることを認め、その点で極端な純粋主義と意見が分かれる。だがそれでも、そうした言語は音楽にのみ関わるものであるため、言語の助けを借りても音楽の純粋性は損なわれないと主張するのである。標題や、『ファンタジア』でバッハの《トッカータとフーガ ニ短調》に付けられた動画の類《たぐい》は入り込んでいないというわけだ。

しかし、絶対音楽というカテゴリーは高度に専門的なものである。何より注意すべきだが、作曲家が音楽以外の内容を付け加えない限りは基本的にどの音楽も絶対音楽である、と安易に考えてはならない。先に述べたように、大半の人は「純粋」音楽にほとんど関心がない。これは別に驚くことではない。というのも、ほとんどの人は抽象的な視覚芸術にも関心がないからだ。抽象芸術を鑑賞するためには、大半の芸術をより豊かに経験するのに役立つ認知プロセスや期待を差し止める方法を覚える必要がある。だが、そうした仕方で鑑賞を行なうには特定の知識が必要だ。その知識とは、芸術家のなかには鑑賞者が先の認知プロセスを差し止めるという（貧弱とも言える）専門的な方法をとることを期待する人もいる、というものである。たとえば、バッハの《無伴奏チェロ組曲第一番》のプレリュードを考えよう。エリック・シブリンによれば、この曲には「高貴な目的が（……）歓喜とともに炸裂」する様が示されているそうだ〔Siblin 2009, p. 3〕。しかし、バッハは自分の音楽をこのように捉えてほしいと実際に思っていたのだろうか。それともこうした理解は、ロマン主義的なアナクロニズムだろうか。その答えを決めるには、結局、バッハがどう考えていたのかを判断する必要がある。だが、バッハの意図を汲み取る試みは、楽音の領域を越え出て、音楽の背後にある人の振る舞いについて語るという領域に踏み込むことになる。つまり、音楽が音楽外のものを指し示しているのかどうかは、人間の行為者性について考えない限りわからないのだ。

この論点を説明するために別の例を挙げよう。数ページ前〔七五頁〕に、ベートーヴェンは同じメロディを少し変形して三つの異なる作品で用いていると述べた（歌曲《相愛》、一八〇八年の《合唱幻想曲》、交響曲第九番の《歓喜の歌》のテーマ）。しかし、これらは作品一二〇に出てくる各変奏と同じ意味で「変奏」とは言えない。というのも、この三つは変奏として聴かれることを意図して作られていないからだ。〔ここでわかるように〕この主張はベートーヴェンが行なったことについての判断に依存しており、音楽外の知識に訴えなければ断言できないものである。さらに、ヨハネス・ブラームスの交響曲第一番（作品六八）の第四楽章を考えてみよう。そこには、いま問題にしていた主題の第四の変奏に聴こえるメロディが登場する。これは驚くべき偶然の一致なのか。それとも剽窃なのか。あるいは変奏なのだろうか。問われているのはもちろん、ディアベッリ変奏曲の各変奏は変奏であるが一八〇八年の《合唱幻奏曲》に使用される同じ主題は変奏でないという意味で、このメロディが「変奏」なのかどうかである。これは些細な問題ではない。というのも、この問題への答え次第で、ブラームスの交響曲第一番がどれだけ独創的であるかが変わってくるからだ。このメロディが変奏だと結論するためには、そのメロディは歴史に名を連ねるベートーヴェンに捧げられた意図的なオマージュだと解釈する必要がある。(もっとも、これがオマージュであるのは明らかで、実際ブラームスは、この曲を聴いて〔ベートーヴェンとの〕類似性を指摘した人に「馬鹿はみんなそこを聴く!」と言ったそうだ。)つまり、この曲は、ベートーヴェンを参照する点で、音楽外のものを参照しているのだ。だとすればこの曲は、純粋な交響音楽であるにもかかわらず、その必要最小限の理解を得るために、音楽実践の外でも使われる概念の助けが必要になるものだということになる。他方で、〔この帰結を避けるために〕音楽外への参照があるのでこの交響曲は純粋音楽に属さないと言うなら、すぐさま〔その言い分の帰結として〕純粋音楽に分類される音楽など存在しないということになってしまうだろう。

この議論が最終的に行き着くのは、グレアム・マクフィーが指摘しているように、純粋音楽は芸術として評価・鑑賞されるべきかどうかという問題である〔McFee 1997〕。もし完全に純粋な音楽が存在するなら、それを聴くために必要な文化的概念が何なのかを考える必要はない。そうした音楽は、言語習得前の子供や一部の動物にも理解できるものだろう。しかし、そうした鑑賞は、ほとんどの聴き手が重視している大半の音楽経験とは違うものだ。音楽の練習と演奏の区別のような、音楽を文化的に位置づけている概念的枠組みを用いるためには、言語を学んで文化を理解する必要がある。だからこそ、人間とそれ以外の動物とでは、音楽的な音を生み出したり解釈したりするうえで用いる認知プロセスが異なっているのである。私たちが「音楽」ということで理解しているものは、人間の領域にしか存在しない。人間と動物の音楽性の違いは、程度の違いではなく、種類の違いなのだ。とはいえ、鳥やクジラも音楽を作ると考える擬人化自体は、人間と他の生物種との重要な連続性を考えるうえで有益なものだ。とくにキャスリーン・ヒギンズは、音楽を作る生物種は人間だけではないとみなす利点について、洞察に富んだ指摘を行なっている〔Higgins 2012〕。その利点は、人間は他の生物と「同じ世界にいる」という実感をもたらすことだという。そうだとすれば、マネシツグミや言語習得前の子供が音楽を知覚するのかどうかは、些細な問題ではない。確かに、マネシツグミも子供も、音楽に備わるいくらかの音楽的要素を聴いている。だからといって、鳥や子供が音楽を聴いていることにはならない。マネシツグミが他の鳥の歌を真似することからわかるのは、マネシツグミが音の構造を知覚している——ある意味では構造を理解している——ということである。だが、マネシツグミは専門用語の習得に基づいてそうした構造を理解しているわけではない。そのため、サティのピアノ曲がブッカー版の《小犬のワルツ》より繊細であると聴き取ることは、間違いなく、マネシツグミにはできない芸当なのだ。

第3章　音楽と情動

自分の大きな痛みから
私はいくつか短い歌を作った
それらは羽音を鳴り響かせ
彼女の心へと飛んで行った。

（ハインリヒ・ハイネ）

ドイツの詩人ハインリヒ・ハイネが自らの芸術作品を鳥に喩《たと》えたとき、隠喩が使われている。これに対し、苦悩という情動から歌が生まれたという点はどう理解すればいいだろうか。文字通り、情動から芸術が生まれたと述べているのだろうか。あるいはこれも隠喩なのだろうか。

私は〔第1章で〕鳥もドイツの詩人も音楽を作る能力の点で同類だという考えを否定したが、私と対立する見解はかなり昔からある。私への反論のいくつかは、次の伝統的な考えに基づいてなされるだろう。それは、音楽は情動を表出《エクスプレス》しているし、むしろ情動を表に出す能力こそ音楽芸術の本質だ、というものである。多くの鳥類愛好家もこの考えを信じている。彼らに言わせると、鳥が歌う理由は、自分の居場所を伝え、縄張りを確保し、繁殖相手を呼び寄せるためだけではない。むしろ、鳥も人と同じく情動を表出するために歌うというのである。たとえばジョン・キーツは「ナイチンゲールによせるオード」で、鳥の音楽は歓喜を表出すると主張している。より最近では、哲学者のデイヴィッド・ローゼンバーグも同様の主張を行なっている。彼によると、鳥の歌がコミュニケーション以上のものであることは、その歌い方がさまざまに変化することをみればわかる。ときに「鳥は純粋な喜びから突然歌い始める」〔Rothenberg 2006, p. 8〕ようにみえるし、そうではないと科学的に証明することはできない。しかし、それを喜びの表出とみなす理由は何だろうか。ローゼンバーグによると、「進化によって備わる美は〔繁殖相手を呼ぶ〕愛らしさだけだと考えられているわけではない」。つまり、サヨナキドリの歌が美しく、そして、その歌のデザインが進化的適応に必要なものを上回っているなら、それは喜びの表出だというのである。というのも、人が音楽を作る際に行なっているのも情動表出に違いないからだ。

鳥の美しい歌は表出芸術の一種だというローゼンバーグの議論は独自のものではない。この種の議論を支持している人はたくさんいる。影響力からすると、最も重要なのはフランスの鳥類学者ジャック・ドラマンの議論だろう。彼は、作曲家のオリヴィエ・メシアンにさまざまな鳥の歌を識別する方法を教えた人でもある。ドラマンは著書『鳥はなぜ歌う』で次のように述べている〔Delamain 1931〕。

> ウタツグミが発する、澄んでいて素早い、思いがけないリズミカルな鳴き声には、生きる喜び、陽気で移り気な情熱のすべてが込められている（……）ここには鳥が抱く最高潮の情動がある。健やかな存在、生きる喜び、選ばれた自然の片隅に自分の居場所を感じる幸福（……）鳥には抑えられない生き生きとした充実感を自由に解き放つ歌は、違和感をもったり、興奮したり、確固としていたりする態度をもつことが多いオスによって発せられる。

ドラマンがこの箇所で述べている主張は三つに分けられる。第一に、鳥の歌は鳥が抱いた情動を示したり、あらわにしたりしている。第二に、その歌によって示されている情動は、人間の情動と同じようなものとして明確に認識できるものである。先の箇所では、鳥の歌は鳥が抱いた喜びを示しているとされる。第三に、鳥自身はその情動を抑えたり制御したりできない。ドラマンによれば、このようにして「音楽芸術が生まれる」という。

本章ではこの考えに反対する。音には表出と理解するのが自然だと思われる特徴が備わっているが、だからといって、音楽の本質は情動の表出にあるという考えは支持されない。芸術としての音楽がどこで誕生したにせよ、それは、音楽がもつ表出的性格を特定の目的で用いようとする社会慣習から生じたものである。芸術は文化を反映したものである。情動をあるがまま表に出したものは芸術ではないのだ。

1　しるしとシンボル

音楽の表出に関する論争を理解するためには、まず表出一般について考える必要があるだろう。情動が表出可能なものであるのは、情動が出来事に関する信念や態度を具現化するものだからだ。

まず、二つの別の機会に同じ音がする例を考えてみよう。土曜の夜の室内楽コンサートで、四重奏楽団によるヘンリク・グレツキの《弦楽四重奏曲第三番》が演奏されようとしている。第一楽章がとても穏やかに始まった。十五秒たったところで、フリーダは大きい咳をしてしまう。近くに座っている人たちは彼女の方をちらっと見る。隣にいた女性はフリーダにのど飴を手渡した。場面は変わって二日後の月曜の朝、スタッフミーティングに出席したフリーダは、近く職場に訪れる転機について同僚たちと議論している。同僚の一人が「新しい人を雇う必要があって……」と言いだしたところで、フリーダが大きい咳をして発言が止められた。彼女は、仕事内容の見直し計画が持ち上がっていることを同僚がうっかり言いそうになったと気づいたのだ。だが、その計画をみんなに伝えるのは時期尚早だと思っている。同僚たちは彼女のメッセージを理解し、雇用の話題を掘り下げなかった。このとき、フリーダにのど飴を渡す人はいない。

この例は二つのことを示している。ひとつは、本当に咳をした人と、咳の真似や咳のふりをしている人の違いだ。土曜のフリーダの咳は喉の不調のしるしである。咳の音は喉の不調によりもたらされているのだ。咳は聴衆の迷惑になるとわかっているので、できることなら彼女も咳をしたくなかっただろう。彼女を含めみんな音楽が聴きたいのである。他方で月曜の場合、彼女の喉に不調はなく、咳をしないことも可能だった。むしろ彼女が咳をしたのは、同僚が雇用の話を続けるのをよく思わず、それを止めるためである。その咳は喉の痛みのしるしではないと理解したからこそ、同僚は彼女のメッセージを理解したのである。

現代の多くの哲学者と同じく私も、表出には志向的対象をもつ心的状態が必要とされると考えている。心的状態は何かに対して向けられており、向けられているものがその心的状態の志向的対象である。私は〔情動に関する〕ジェシー・プリンツの次の見解を受け入れている。「情動の対象は、その情動を誘発した現実ないし想像された状況である」〔Prinz 2004, p. 137〕。そして、情動も表出できるもののひとつである。というのも情動は、何かを判断ないし評価する心理状態のひとつだからである。また、表出的な行動も何かについてのものである。というのもその行動は、何かについてのものである〔志向的対象をもつ〕心的状態を反映しているからだ。フリーダがした咳のふりが表出している心的状態は何だろうか。ミーティングで同僚がやったことに対する苛立ちや不満だ、と誰でも答えるだろう。咳のふりは情動を表出しているのである。これに対し、コンサートのときのフリーダの咳は、誰にも何に対しても向けられていない。そのため、その咳が彼女の喉の渇きや炎症の感じを表出していると考えるのは間違いだ。

とはいえ、多くの情動は咳やくしゃみと同じく、身体と緊密に関係している。ピーター・ゴルディがその要点をまとめているように、「多くの情動、とくに、恐怖、怒り、嫌悪といった持続時間が短い情動には、それぞれに特徴的な不随意の身体的変化——筋肉の反応やホルモンの変化など——が含まれている」〔Goldie 2003, p. 93〕。こうした不随意の変化は、情動に含まれる感じ《フィーリング》の基盤となっている。怒りはアドレナリンやノルアドレナリンとったホルモンの流れを増加させ、そのために怒った人は鼓動の高鳴りを経験する。その高鳴りが怒りの感じを特徴づける要素のひとつなのだ。身体的変化にはこの他にも、外から観察可能なものがあるかもしれず、それは他人の情動を特定するために使えるかもしれない。あなたが怒ったとき、首の筋肉が張り上がったり、頬が火照ったり、拳を握りしめたりするだろうが、そうした様子は他人が観察できるものである。しかし情動は、感じられる身体的変化や外から観察可能な身体的変化だけに尽くされるわけではない。多くの人は「情動《エモーション》」と「感じ《フィーリング》」を同義語として使っているが、以下では、志向性または「ついて性」の有無が両者を分ける基準になるとみなす。情動には感じが含まれるが、すべての感じが志向的対象をもつわけではないのだ。

第2章で説明したとおり、情動は、〈自分の過去や現在がどのような未来に結びつくか〉ということに関する信念に影響されるものである。たとえば、フリーダがコンサートで咳をしたときに他の観客が抱いた怒りには、フリーダがコンサートを台無しにしたという判断が反映されている。情動は判断を反映しているという点を考慮すると、怒りに特徴的な感じがすることと実際に怒りの状態になることは大きく違うとわかる。つまり、〔ある情動に〕特徴的な感じがするだけでは、〔その〕情動を抱いたことにはならないのである。さらに、情動《エモーション》は気分《ムード》と区別されることが多い。気分は長期間持続する感じ《フィーリング》であるが、情動とは異なり、何かに向けられていない。つまり、「ついて性」をもっていないのである。重大な喪失のあとに悲しみを感じることと、とくに理由もなく憂鬱さを感じることのあいだには、大きな違いがあるのだ。ジェシー・プリンツはこの考えとは異なり、気分も情動と同じく志向的な内容をもつと述べているが、どちらが正しいのかは私の議論にとっては重要ではない。気分は、最も基本的な情動を扱っている限りは生じない多くの複雑な問題があることを教えてくれるが、とはいえ私が注目したいのは基本情動の方である。

情動を研究する心理学者や哲学者のほとんどは、核となる単純な情動が七つあるという考えを支持している。恐怖、怒り、幸福、軽蔑、驚き、嫌悪、悲しみ、の七つだ。これらはどれも不随意の身体的変化を含んでいるため、自然な、したがって普遍的なしるしをもっている。一番わかりやすいしるしは、それぞれに特徴的な顔の表情だろう。表情が普遍的なしるしだというのは、それらは〔対応する」情動が生じたときには必ず生じ、また必ず認識されるから、ではない。むしろ、表情を理解できる人は違う文化圏の人が作った同じ表情をうまく特定できる、という意味で普遍的なのだ。さらに、それらが自然なしるしだというのは、生まれつき目が見えない人も、目が見える人と同じように核となる情動の表情を作ることができる、という意味である。先天性の盲人は他人の表情を見て表情の作り方を学ぶことはできないが、生まれつき目が見えない赤ちゃんも、目が見える人と同じように、口元をゆるませたり眉毛の外側の端を下げたりして幸福を示し、鼻元に皺を寄せたり上唇を上げたりして嫌悪を示す。こうした自然な表情は、人間が行なう情動の表出のなかで最も明確かつ簡単な例だろう。だからこそ、自分が抱いている情動は必ず自分が最も良く判断できるわけではない、ということが起こる。自分が抱いている情動は、その情動に特徴的な感じを手掛かりとして主観的に、つまり「内的」または一人称的にアクセスされるが、情動に伴う信念の要素は少ししか持続しないことも多く、また、必ず意識されるというわけでもない。そのため、自分が下した判断が明確でない場合、自分がどの情動を抱いているかも不明確になることがある。たとえば、友人が私に、共通の知人が昇進したと伝えたとしよう。私自身はそのとき驚きを感じているが、友人には私の顔が嫌悪を表出しているように見える。この場合、私がそのニュースをどう感じたかは、私よりも友人の方がよく知っているだろう。

表情は情動をよく示すものだが、必ずしも当てになるものではない。というのも、情動の表出は文化の影響を受けているからだ――文化に「筋書き《スクリプト》」されていると言う人もいる。情動の表出として何が適切で何が不適切であるかについて、それぞれの社会で一定の期待が出来上がっている。そこには、いつ、誰に対して、どのように、どの程度までの表出が許容されるのかについての規則が含まれるだろう。表情は文化的な表示規則によって強い取り締まりを受けているのだ。たとえば、多くのアジア社会では「自然な」情動の表出が非常に抑制されている。日本の多くの成人の場合、強い情動反応は、見えるとしても目のあたりのちょっとした変化にしか現れない。これとは対照的に、表情を通してためらいなく核となる情動をやたらと示すことに関して、アメリカ人に勝る人たちはいない。

ここまで取り上げてきたのは、目の前の状況に対する短期間の反応である基本情動だった。しかし、人が抱く情動はこれだけではなく、恥や嫉妬といった、認知的に複雑な情動もある。こうした情動には複雑な社会関係についての判断が関与しうるが、この関係そのものも行動を規定する社会的規則によって「筋書き」されたものである。文化的背景は、情動喚起と表出方法の両方に多大な影響を与えるのだ。たとえば、フリーダが昇進したと聞いたあとで、そのポストを狙っていた同僚のフレッドが、彼女の仕事ぶりをけなす冗談を言ったとしよう。もしこの冗談がフリーダだけを狙い撃ちにしており、かつ、彼女の昇進後に言われたものならば、その冗談が表出しているのは彼がもつユーモラスでからかい好きな性格ではない。むしろ、表出されているのは嫉妬である。とはいえここで重要なのは次の二点である。まず、フレッドが嫉妬を感じるためには、二人の社会的地位に関する複雑な一連の概念が必要となること、そして、その嫉妬の表出は、職場内の政治に関する複雑な関係のために人をけなす冗談というかたちをとっている、ということである。

文化による筋書きは、短期間の情動を、長期にわたる一連の表出に変換させることが多い。さらに当然ながら、さまざまな表出の筋書きが社会階級やジェンダーと結びつくことで、表出はより複雑なものとなる。たとえば、ヴィクトリア朝時代のイングランドでそれなりの身分をもっていた未亡人は、夫の死後少なくとも丸一年は黒い喪服のドレスをまとっていた。一年間の完全な喪装期間が終わると第二の喪装期間が半年続くが、こうした期間のうちに段階的に黒い生地の面積が減っていく。また悲嘆の別の表出として、未亡人は少なくとも二年間は再婚できないというものがあった。これとは対照的に、妻を亡くした男性が悲嘆を表出する場合には、黒い手袋と、おそらく黒い腕章を数ヶ月身につければよかった。また、そうした男性は妻の死後二年以内に再婚でき、その場合は新しい妻が前妻のために喪服をまとった。二十一世紀のわれわれからすると、ヴィクトリア朝時代の悲嘆の表出規則は、無駄に凝っていて、恣意的で、ほとんど心が込もっていないようにみえる。しかし、当時の人たちは本当のところ悲嘆を表出していないと考えるのは大きな誤りだろう。というのも、ほとんどの情動表出は、笑顔よりもヴィクトリア朝時代の喪服に近いからである。もしフレッドの冗談が嫉妬を表出できているなら、それと同じく、アルバート王子の死後四〇年も黒い服を着続けるというヴィクトリア女王の決断も、彼女が抱いた悲嘆を誠実に表出する役割を果たしていると言えるだろう。

　文化によって筋書きされた表出の例から、緊密に関連した三つの帰結を導くことができる。音楽も文化による筋書きを多く含んでいるため、その三点についての考察は、音楽に可能な情動表出を考察するうえでも役立つだろう。第一に、情動の表出は、現に生じている感じの表出とは限らない。自然ではない情動表出の方法がひとたび獲得されると、目下の状況や情動から切り離された表出行為が可能になる。その結果、そのとき抱かれていない情動が「表出」できるようになるのだ。ヴィクトリア朝時代の未亡人の完全な「喪装」は、彼女が幸福を抱いているときでも、彼女の悲嘆を表出し続けるだろう。第二に、表出が情動とひとたび乖離すると、本心でない表出が可能になる。別にありがたくない贈り物をもらって「ありがとう」と言ったことがない人などいるのだろうか。第三に、表出に見えるものがまったく表出にならない場合が出てくる。〔普通であれば〕ある内的心理状態の特徴的なしるしとみなされる行動や「表出」が、または、その状態の表出と慣習的にみなされている行動や「表出」が、まったく表出にならない場面が出てくるかもしれない。そうしたしるしや行動は、情動状態を伝えようという意図がまったくなくても現れる場合があるだろう。情動を伝えようという意図がない場合、そうした行動は、本心でない表出どころか、そもそも表出だとみなされない。（笑顔などの表情が本心ではないと判断する場合、その表情を作っている人は他人を誤解させる意図をもっていると考え、さらに、この状況でその表情を作るのは間違いだと考えている必要がある。）次節では、音楽もかなり「筋書き」された情動表出であり、だからこそ、情動を表出しているように思える音楽が実は何も表出していない可能性がある、という考えを検討しよう。

2　表出と表出的性格

ようやくだが音楽に話を戻そう。たとえばスコットランドの弦楽曲《兵士の喜び》は、その曲名にふさわしく、喜びを豊かに表している。長い年月のあいだにいくつかの歌詞がこの曲にあてられてきたが、この曲は喜ばしいという私の記述に、曲名や歌詞は関与していない。《兵士の喜び》を人に聴かせ、核となる情動の標準的なリスト（恐怖、怒り、幸福、軽蔑、驚き、嫌悪、悲しみ）から〔どれがこの曲に合うかを〕無理にでも選ばせたとしよう。そのとき幸福を選ばない人がいるとすれば、その人は単に、西洋音楽の基礎を理解していないのだろう。さらに言えば、この曲は〔単に幸福なのではなく〕非常に幸福な曲であり、だからこそ喜ばしいのだ。

だが、なぜこうしたことが可能なのだろうか。その曲はリズムとメロディのパターンであり、喜びを経験できるものではない。その曲が喜んだ状態になる（喜びという情動を抱く）ことは不可能だ。この点は、小石の山や2×2＝4という等式が喜びを抱けないのと同じである。さらに、その曲は喜びを表出することもできない。というのも、喜びを表出できるものは次の二つの条件を満たす必要があるからだ。それは、喜びという情動を経験できること、そして、その内的〔情動〕状態を、外から見てわかるしるしや慣習的なシンボルで提示できること、である。これに対し音楽は、「内的な」心理状態をもつような感覚能力を備えた存在ではないので、表出の二条件のうちの前者を満たせない。そのため《兵士の喜び》は情動を表出してはいないのである。ここで、「その曲は喜ばしい」や「その曲は喜びを表出している」という言い回しを無意味な発言にしたくないなら、方法はひとつしかない。それは、先ほどの言い回しで意味されているように思われることは実際には意味されていない、と考えることである。「その曲は喜ばしい」を字義通りに受け取らなければ、その発言が無意味だという結論が避けられる。そのため、音楽好きや哲学者たちがこの方針を好むのは驚きではないだろう。

人気のある再解釈では、「《兵士の喜び》は喜ばしい」の「は」の意味に焦点が合わせられる。その「は」は、「は〜の表出である」の省略形として再解釈できるという。つまり、「《兵士の喜び》は喜ばしい」が本当に意味しているのは、「《兵士の喜び》は誰かの喜びの表出である」ということなのだ。

それはちょうど、クリスマスの数週間前にお祝いとして装飾された家を見て「この家はクリスマス気分にある」と言うのと同じだ。その発言が本当に意味しているのは、家を装飾した人がクリスマス気分をもっており、その装飾は〔飾り付けをした人が抱く〕クリスマス休日と結びついた情動を表出しているということである。(思い出して欲しいが、前節からわかる教訓のひとつに、本心でない表出が可能だということがある。その装飾を施した人はクリスマスが嫌いだが、毎年お祝いの装飾が最も優れた人に与えられる賞金が欲しくて装飾を施したのかもしれない。とはいえ、本心でない表出が可能になるのは、その表出が特定の誰かの情動の表出として扱われるからである。本心でない表出も表出の一種なのだ。)注意すべきだが、この説明では、音楽に情動を割り当てるうえで、その曲をそのように作った人(個人ないし複数の作曲者)に情動を割り当てる必要が出てくる。つまり、「《兵士の喜び》は喜ばしい」が本当に意味しているのは、「《兵士の喜び》の作曲者は喜びを表出している」と考えることになるのである。この説明はドラマンの先の説明とほぼ同じだ。《兵士の喜び》が情動の表出であることは、ウタツグミの歌が〔その鳥が抱いた〕情動の表出であることと同じなのである。

この説明は魅力的にシンプルだが、多くの複雑な問題があってうまくいかない。重要な多くの反論は、音楽パターンはそれだけで情動伝達に必要なすべての役割を果たせる、という事実に基づいてなされるだろう。だがひょっとすると、特定の音のパターンは自然に表出的だと思う人もいるかもしれない。つまり、口を緩ませて笑顔を作って幸福を表出するという普遍的で自然な振る舞いと同じくらい、自然に表出的な音のパターンがあると思われるかもしれないのである。しかし、口が笑顔やしかめっ面を作るためだけのものではないのと同じく、表出的な音楽的パターンが果たす役割は情動の表出だけではない。子供は自然に作った表情で現在抱いている情動を漏らしてしまうが、そうした非常に限定的な場合を除けば、情動の表出であるようにみえるものが情動の表出ではないことがよくある。これに関して、アラン・トーミーは四〇年前に重要な論点を指摘している。それは、表出的性格が存在しているからといって、表出が行なわれていることにはまったくならない、ということだ〔Tormey 1971〕。

私の議論の根拠は、《兵士の喜び》は明確に区別できる二つの特徴をもっており、それぞれが果たす社会的機能が異なっている、という点にある。第一に、この曲はリール〔という形式の曲〕であり、そして私が思うに、作曲者はこの曲をリールとして作曲しただろう、ということだ。つまり、特定のダンスのための曲として作曲されたと思われるのである。第2章で述べたように、こうした意図には、音楽とその使い方に関する非常に多くの概念が反映されている。このリール曲は十八世紀半ばに作られたものだと考えられているので、作曲者はジグとリールという拍子がまったく異なる二つのダンスの違いを知っていたと考えていいだろう。〔リールの拍子は4／4または2／2であるのに対し、ジグは6／8ないし9／8。〕次に、作曲者はリールを作ることを意図し、それを（見事に！）果たしたと考えてみよう。この曲の第二の特徴はその表出的性格である。ここで、「《兵士の喜び》は喜ばしい」が意味するのは、その曲が喜びを表出していることだ、と言われるとしよう。その主張は、作曲者は特定の曲を作って広めることで、自分の個人的な幸福を表出しようとした、というものではないだろうか。だが、私は次のように反論したい。むしろ、作曲者が作りたかったリズムの曲がうまく作れた結果、作曲者はその曲で幸福を表出しているに違いないという印象が生まれる状況が出来上がったのだ。

この考えによると、この曲がもつ幸福の表出的性格は、まったく意図されていなかったかもしれず、そのため、その曲が幸福の表出であるとは限らないのだ。〔訳注　表出的性格は、情動の表出らしく聴こえるものにすぎず、文字通りの意味で情動を表出している特徴ではないかもしれない。〕

ここで私は表出機能と表出ではない機能を対比させているため、情動表出がもつ機能的価値をもう少し説明する必要がある。とくに重要なのは、情動表出の機能的価値は情動経験の機能的価値と同じではないということだ。情動を経験する能力は、情動を抱く主体にとって有用な機能を備えている。情動は、さまざまに変化する状況の重大さを主体に警告し、また、その状況への反応となる行為を動機づけることで、主体の行動を導いている。ここで、こうした情動を抱く感覚能力は備えているが、それを自分の身体を使って表に出さない生き物というものを想像することは可能だろう。（情動をおおっぴらに表出するのが抑制されている社会では、そうした抑制が生物学的な利点だとみなされているかもしれない！）では、情動を表に出すという人間に備わった自然な傾向がもたらす利点とは何なのだろうか。明白な利点は、人間は社会的な生き物だということである。だからこそ、目の前の人々が行なう情動表出を「読む」能力が役に立つのだ。そのために、（情動を表出する表情の変化に気づけなかったり理解できなかったりする症状として特徴づけられる）アスペルガー症候群の子供は、他の子供が何なく理解できることを学ばせるために手間がかかる。とはいえ、表情やボディランゲージの観察は、〔他人の情動を〕知る手段としては非常に限定されたものでしかない。その手段では、近くにいる人が現在抱いている情動についての知識しか得られないのだ。そのため、〔より広い範囲へと〕情動を伝達する公共的な信号を作りだすことに社会的な有用性がある。そして音楽は、この目的のために使える媒体のひとつである。次に、〔具体例として〕スティーヴン・フェルドの〔フィールドワーク調査の〕記録をみてみよう。そこでは、パプアニューギニアのカルリ族が、音程が特定の仕方で下がっていくメロディフレーズを社会的に用いている様子が記録されている〔Feld 1982〕。

カルリの音楽の儀式的使用はこうだ。死などの重大な喪失によって心を痛めたカルリの女性は泣き声をあげるが、その声は音程が特定の仕方で下がっていくフレーズの歌となる。つまり、泣き声が歌へと変化するのだ。このフレーズはアオバトの歌を取り入れたものであり、カルリの人々は、アオバトのなかには故人の魂を宿したものがいて、その歌は悲嘆を表出していると信じている。先の泣き歌いをしたカルリの女性は、次に即興で歌いだす。こうした泣き歌いと即興の歌唱によって長時間にわたる〔音楽的な〕出来事が始まるのだが、そこには、現代の音楽文化に典型的なパフォーマーとオーディエンスという境界は存在しない。他の女性たちも、泣き声やメロディックな物悲しい声で応答するのである。これに対しカルリの男性はメロディでは応答しない。通常、カルリの社会で男性はミュージシャンなのだが、この場面での男性は、歌う代わりにヒステリックな泣き声をあげる。フェルドはこうした音楽の使用法がもつ多様な社会的価値を研究しており、彼によるとそのうちのひとつは、女性が抱いた情動を公に認めさせる要求をつきつけ、カルリ社会の標準的なパターンを逆転させる役割を果たすことだという。

慣習化された表出が機能するためには、それがもつ表出的性格に関して、社会のメンバーがもつ考えが一致している必要がある。たとえば現代のマスコミュニケーションには決まって音楽が伴っている。選挙の立候補者がテレビの宣伝で、より良い将来についてのポジティヴなメッセージを送るとき、

BGMに《兵士の喜び》が使われるかもしれない。これに対し、対立候補をネガティヴに描く「攻撃的な」宣伝のBGMにこの曲が使われることはないだろう。それを使うと、投票する可能性のある人を混乱させる複雑なメッセージになってしまうからだ。マスメディアで音楽が表出的に使える以上、音楽には表出的性格を伝達する何らかの一般的なパターンが確かにあるはずなのである。特定のメロディと特定の表出的機能が連合するうえで、何かしら既存の社会的条件づけが必ず介在するとは言えない。たとえば、停止標識の赤い八角形が停止を示すシンボルであるのは純粋に規約的な理由によってだが、メロディはそうではない。《兵士の喜び》が宣伝で使えるものであるなら、その曲の表出性は、ブルーグラス〔スコッチ・アイリッシュの伝承音楽を元にしたアメリカのアコースティック音楽〕やスコットランド民謡といった音楽を普段は聴かない何百万人にも、間違いなく伝わるものであるはずだ。同様に、もし映画の視覚的・物語的要素を高める独特の表出的性格が音楽にないのなら、映画のための楽譜を書き下ろす作曲家を雇う意味はほとんどないだろう。ここで仮に、『スター・ウォーズ』のダース・ベイダーのテーマソング《帝国のマーチ》がもつ不吉な雰囲気は、連合によって成り立つと考えてみよう。その曲はベイダーの登場時に流れるものなので、登場と曲が連合するのである。しかし、ダース・ベイダーの登場時に流れればどんな曲でも不吉になるなら、《帝国のマーチ》を作曲してもらうためにジョン・ウィリアムズをわざわざ雇ったり、出来た曲を演奏してもらうためにオーケストラを雇ったりする意味がないことになる。というのも、『スター・ウォーズ』を観に来る人は、その曲が〔連合を介して〕表出的な役割を果たすようになる前から、ベイダーに対して何を感じるかをすでに知っているはずだからだ。同じことは歌曲の作曲にも言える。ウディ・ガスリーが《ディア・ミセス・ルーズベルト》で使ったメロディがルーズベルト大統領の死に対する彼の悲しみを表出することは、そこに悲嘆を表出する歌詞がつけられていることだけで説明されるわけではない〔訳注 つまり、メロディ自体にも悲しみを表出する要素がある〕。もしガスリーがルーズベルトの死に関する歌詞をいくらか短くして《我が祖国》にのせたとしたら、それによって出来上がる曲は、歌詞の情動表出とメロディの情動表出が衝突するために、明らかな認知的不協和を生み出すだろう。

こうした例からわかるのは、音楽には表出的性格をうまく提示する特徴が備わっていること、そして、人はそうした特徴やそこから帰結する表出的性格を認識するのが非常に得意だということである。また以前に私は、音楽制作・鑑賞は文化的伝統によって形作られていると主張していた。これら三つの論点を合わせると、次の考えが弱められる。それは、「この曲は喜ばしい」といった言い回しが意味するのは、つねに、その曲は心的状態を文字通り表に出すというまさにその点で表出的機能を果たしている、という考えである。三つの論点からわかるのは、喜びの表出的性格は、文化的に確立された音楽的パターンの副産物でしかない可能性があることだ。それは情動を表出するためのものではないかもしれない。「《兵士の喜び》は喜ばしい」と言いたくさせる音楽的特徴は、喜びの表出とは完全に独立の理由で提示されているのかもしれないのである。

《兵士の喜び》が演奏される様子は、トーマス・ハーディの一八七四年の小説『遥か群衆を離れて』〔Hardy 1874〕で描かれている（この曲はその小説が書かれる少なくとも百年以上前にはできていた）。

三人の弦楽奏者が座っている横には、熱狂で髪を逆立てた男がいた。頬には汗が滴り、手に持ったタンバリンはかすかに震えている。彼のダンスが終ると、黒樫の床の真ん中に、次に踊ろうというカップルの列ができた。

「ええと奥さん、失礼でなければ、次はどんな踊りにしましょうか?」と第一ヴァイオリン奏者が尋ねた。

「そうね、なんでもいいわ」とバスシェバは透き通った声で答えた。(……)

「それじゃあ」とヴァイオリン奏者が続ける。「差し出がましいようですが、《兵士の喜び》なんかもってこいだと思いますよ。農場に婿入りしてきた洒落た兵隊さんもいますし。なあ、おまえたち、ねえ、みなさん」(……)


そしてダンスが始まった。《兵士の喜び》の良さについて意見が食い違うことはありえないし、実際これまでもなかった。ウェザーベリー周辺の音楽界隈ではすでに知られていたが、このメロディは、それに合わせて轟くような足音で四十五分飛び跳ねた後でも、他のたいていのダンスの始まりより、かかとやつま先を興奮させる特性をもっている。それだけでなく《兵士の喜び》には、先に出たようなタンバリンと見事に噛み合うという魅力がある——その響きを最高に完璧なかたちで示すために必要となる適切な痙攣や発作、聖ウィトゥスの踊り〔舞踏病〕といった恐ろしい狂乱を理解しているパフォーマーの手にかかれば、タンバリンは素晴らしい楽器になるのだ。

十九世紀のイングランドの田舎で《兵士の喜び》の魅力とされていたものは、それに合わせて踊れるという特徴である。ハーディが描いた農村のダンスにとって、その曲の表出性は重要ではなかったのだ。

　このリールの作曲者の名は残っていないが、もし時を遡って探し出せるなら、その作者はおそらくスコットランドの弦楽奏者だろう。彼は、表出性はまったく目的とされていないという私の直感を認めるのではないだろうか。ウェザーベリー農場の三人の弦楽奏者は、同じリールを四十五分も演奏した後では疲れ果てていたに違いないし、さらには、うんざりしていたかもしれない。ひょっとすると《兵士の喜び》の作曲者は、当時のスコットランドの山岳地方で流行っていたどのリールの演奏にも非常にうんざりしていて、踊れる新しい曲をやりたいと思っていただけかもしれない。あるいは、自分の音楽スキルをひけらかしたいだけだったのかもしれない。それでも、新しいリールを作った作曲者は、それによって喜びという表出的性格を備えたものも生み出したのだ。

　一般的なルールとして、リールは四分の四拍子で活発なテンポもち、ダウンビートが非常に強調されている。リールはふつういくらか軽快に演奏されるが、その軽快さは、予想されるビートよりほんの少し早めにダウンビートを出すことで作られている。リールには悲しい題名や歌詞をもつものもある（たとえば、《絞首刑のリール》The Hangman's Reel、フランス系カナダでの題名はLe Reel du pendu）。だが、そうしたものも曲自体は幸福に聴こえる。私には、スコットランドの詩人ロバート・ファーガソンの次の詩はもっともに思える〔Fergusson 1805〕。

心を［非常にうまく］揺さぶる最上のものは
ハイランドの陽気なリールだ

かかとにも力が与えられ
跳ねたり踊ったりさせられる
命があるなら感じずにいられない
　その力を

そのため私は、そこそこなミディアムテンポまたはアップテンポなハイランドのリズムで表出的に悲しいリールを作ろうとする人がいたら、それは無理だと言いたい。そうしたリールは曲そのものが幸福に聴こえてしまいがちなのだ。この点からすると、《兵士の喜び》が「幸福」の表出的性格をもつことは、その曲が作られる過程で、作曲者が幸福を表出しようとした要因があると結論する理由にはならないことがわかる。作曲者が置かれた時代や社会の目的が作曲者の創造過程に制約をかけ、そうした文化的制約が曲の表出性に影響を与える。それによって、情動を表出していないにもかかわらず、非常に表出的な〔情動の印象を与えるような〕音楽が可能になるのだ。

3　ウタツグミ

前節の主張は、スコットランドのリールに幸福の表出的性格が備わっていることは、それが特定のダンスのための器楽曲として作られたということに着目すれば十分説明できるというものだった。さらにここから、音楽の表出的性格は必ず情動の表出として提示されていると考えるのは単純な間違いだと言えるのだった。

だが私の議論は、ある種の音楽的パターンはまさに表情のようなものだという想定のもとではうまくいかない。この想定によると、ある種の音楽的パターンは、人間が抱く単純な基本情動の自然で普遍的な表出である。そうしたパターンを十分に理解している人は、日本の成人がよく表情を抑えるように、個人的な表出を控えて情動に中立的な音楽を作るかもしれない。あるいは、実際には自分が抱いていない情動を表出しているように思わせるパターンを使って曲を作るかもしれない。しかし、作曲者が自分の情動の表出を積極的に避けていない場合には、作曲に際して自身の情動を表出するパターンが用いられるだろう。とはいえ、作曲には長い時間がかかるので、ひとつの曲が現在抱かれている心的状態を表出しているということはなさそうだ。そのため音楽は情動の自然な表出だと主張する人は、詩は情動より後で出来上がるというウィリアム・ワーズワースの考えを採用するかもしれない。「自然に溢れ出る力強い感覚。それは、平静のなかで思い出された情動からやってくる」〔Wordsworth 2013〕。

この改訂案によると、「《兵士の喜び》は喜ばしい」が意味するのは、この曲には作曲者が思い出している以前の幸福な場面が反映されている、あるいは、作曲者は悲惨な人生を送ったがこの曲ではそれを偽ることができた、ということである。ルートヴィヒ・ヴァン・ベートーヴェンの《田園》交響曲（作品六八）のファンなら、この改訂案は《田園》の説明としてふさわしいと言うだろう。というのもこの説明は、彼がこの曲につけた「田舎での生活の回想」という標題や、この曲は「絵画的な情景描写というよりも感覚の表出である」という彼の注意書きにぴったり当てはまるからである。たとえば、《田園》の第一楽章の目的は、「田舎に到着したときの愉快な感じの目覚め」を表出することだとされている。だが、ベートーヴェンが交響曲第六番で本当に自分の情動を表出しようとしていたことは確かに認められるとしても、十九世紀のウィーンで行なわれていた音楽実践を一般化するのに反対する重要な理由がいくつかある。歴史的にみれば、こうした音楽の使用法は新しいものである。その使用法を近代以前の音楽に遡って投影するのは、ヴィクトリア朝イングランドの喪服は死に対する自然な反応だが、その反応はそれ以前の時代にはどういうわけか抑制されていた、と考えるようなものだ。本章の最終節で私はこの反論を拡張した議論を提示するが、その前に、音楽を表出とみなす考えがもつより明らかな問題をみることにしよう。

特定のパターンをもっていればその音楽は喜びを表出していると言えるというなら、この方針を音楽だけに限定する理由はない。つまり、この方針で音楽の表出的性格一般が説明できると言うなら、あらゆる表出的性格がそのように説明されるはずだと考えられるのである。すると、情動的な表出性を「自然に」伝達するパターンが発見できれば、それだけで、そこに情動反応を示す能力があると言っていいということになる。だがこれでは、人間をとりまく世界について、際限のない不当な擬人化が導かれてしまうだろう。人間は擬人化してものを知覚しがちなので、人間が作っていない音楽が表向きは表出的に聴こえても、〔本当に表出であるかどうか〕詳しく検討する必要がある。たとえば鳥の「音楽」だ。ひょっとすると、喜ばしく聴こえる鳥の鳴き声は、情動の表出とは別の理由で発せられているのかもしれない。

この議論の要点は、感覚能力をもたない対象にも基本情動の名前を当てはめたくなることは音楽以外の経験にもある、ということだ。人間の特徴を人間ではない対象や出来事に当てはめてしまう無自覚の擬人化は、複雑な知覚情報をパターン化するために人間が使っている基本戦略である。うちの車は寒い朝に出かけるのを「嫌がる」とか、週末の湖で雨が降って天気が「味方してない」とか、株式市場が「ナーバスだ」と言うとき、ちょっとした擬人化が行なわれている。北アメリカ中央に住むオジブワ族で育った人々は、生き物である四つの風が存在し、稲光と雷鳴は鳥の形をした精霊サンダーバードが空中を移動した痕跡だという伝統的な考えを信じているが、科学的な観点からすると彼らはかなり物事を擬人化していることになる。

時間を通じて展開される活動はとくに擬人化されやすい。活動は生命を示唆し、擬人化知覚が促される。そのため、人間の形をしていなくても、目的のある活動を行なっているものとして知覚されるのだ。情動を見出すことは行為者としての人間を見出すことにとって中心的なものであるため、時間を通じて展開される音楽パターンに決まって基本情動が当てはめられるのは驚きではない。こうした適用は、かりに音楽が情動を表出するために使われるものでなかったとしても、なされるだろう。また、音楽はそのように扱われることをとくに求めてくるわけでもない（「音楽が何かを求める」ということ自体も擬人化だが）。スティーヴン・フェルドが述べているように、カルリの人々はふつう音楽パターンを、滝や水たまりといった水に関する事象になぞらえている〔Feld 1982〕。もし同じ隠喩が西洋の音楽美学で広く使われていたとしたら、《兵士の喜び》は噴き出す温泉のようなものとみなされ、それが表出している情動は何かという問いはまったく生じなかったかもしれない。

ここには問題含みのダブルスタンダードがある。一方で、科学の教養がある人も日常的に、車や家電、天気など多くのものに情動用語を当てはめるが、他方で、たいていの人は、「悲しい」柳の木や「怒った」にわか雨が感覚能力を備えた行為者の情動を表出していると信じてはいない。「悲しい」音楽によって提示された興味深い問題は音楽に特有のものではなく、思考や言語をめぐる一般的な習慣と関わっているのだ。これに対し、音楽が特殊な例だという考えが広まっている原因の大半は、十九世紀のロマン主義美学がまだ影響力をもっている点にある。これについては本章の最終節および第4章で取り上げよう。

私に反対する人は、当然、音楽はまさに非常に特殊な例なのだと主張するだろう。確かに、天気が人間的な情動を備えた人格をもつと考えるのは間違っている。これに対し、鳥たちは自らを音楽的に表出している。そのため鳥の活動は、音楽が情動表出の自然な方法であるという主張を支持する独自の根拠となりそうだ。だからこそ鳥の活動は、株式市場がナーバスだと言われる場合の現象とは非常に異なったものとして扱われるというのである。

こうした特別扱いに反論するために、再び、人は擬人化してものを知覚する傾向にあるという点に訴えることができると思われる。動物が動物と呼ばれるのは活動するからである。つまり、動物は自分で動くものなので、そこに人間と同じような「内的」心理状態や動機が見出されてしまうのだ。この反論は、鳥や爬虫類、人間以外の哺乳類は情動などの心的状態をもたないという考えに賛同するものではない。私は、うちの犬は雷鳴で怯えという情動を抱き、私が旅行から帰ってくると嬉しくなると確信している。また、つがいを作る鳥が配偶者の鳥に対して抱く感じは、その他の鳥に対して抱く感じとは異なっているという考えにも反対していない。むしろ私の反論は、当然認められる次の事実に基づいている。それは、人間以外の生物種は、たいていの場合、人間とは異なる方法で情動を表出している、というものだ。他の人たちがすでに指摘しているように、セントバーナードが幸福を感じているか知りたい場合、その顔の「表情」は役に立たない。というのも、どのセントバーナードも悲しそうに見える顔をしているからである。つまり、人間の表情の基準で言えば悲しそうに見える顔をしているのだ。しかし、犬は幸福や悲しみを表情で表出しない。むしろ、尻尾や姿勢、動き方で表出する。だが、たとえこの点を理解していたとしても、人は、犬の顔を見たときに誤ってその表情を擬人化してしまうだろう。この注意点は犬に限った話ではない。人間以外の生物種が現在抱いている情動をどのように示すかを判定するには、さまざまな刺激に対する行動反応を注意深く研究する必要がある。〔訳注　セントバーナードの例や擬人化知覚を使って表出的性格を説明する方針は、Kivy, P. [1989] *Sound Sentiment*, Temple University Press や Davies, S. [1994] *Musical Meaning and Expression*, Cornell University Press で詳しく展開されている。〕

そのため、音楽を情動表出の方法として使う傾向は、普遍的かつ自然で、生物種の違いを超えて共通だという主張に対する私の反論は、きわめてシンプルなものである。アオバトは悲嘆にくれる人間の魂を宿しているというカルリの考えが擬人化であると認められるなら、アオバトの悲しい歌は本物の悲しみのしるしではないという私の主張に同意できるはずだ。確かにアオバトの歌は人間には悲しく聴こえるが、だからといって、アオバトは普段から、よく悲しみを抱き、それを歌で表出していると考えるのは正しくない。それは、セントバーナードは普段から悲しみを抱いており、それを表情で表出していると考えるのと同じくらいおかしい。犬の顔の見た目はその犬が何を感じているかを判定するための確かな手がかりにならないように、ウタツグミやアオバトの歌の聴こえ方も、それらの鳥がどういう感じを抱いているかを判定するための確かな手がかりにはならない。鳥の「嘆き」や「喜び」の歌は、犬の「悲しい」顔と同じなのだ。非常に良い他の証拠が得られないかぎり、鳥の歌の表出的性格はセントバーナードの顔の表出的性格と同等と考えるべきだろう。擬人化知覚を手がかりに動物の情動状態を理解しようとしてはいけないのだ。

鳥の歌の美しさを引き合いに出すローゼンバーグにも、同じ批判が当てはまる。たとえばクジャクは、オスのクジャクがもつ凝った尻尾を彩っているたいていの色を見ることができない。ひょっとするとメスのクジャクは、オスの尻尾よりも、オスが発する〔人間からすれば〕ぞっとする叫び声の方をより美しく感じているかもしれない。人間の美的センスはクジャクのものとはかなり違っているかもしれないのだ。

同様に注意すべきなのは、馴染みのある文化的実践をもとに人間の「自然な」傾向を決めつけてはいけない、ということである。十九世紀のヨーロッパでは情動を表出する手段として器楽音楽を使うのが流行っていたからといって、人間の進化過程の初期から音楽は人間の情動表出の自然な道具だったと考えるべきではない。現代人は、芸術は芸術家の情動を表出する機能をもつという考えにあまりにも慣れ親しんでいるため、実はその考えがごく最近できたものだと認識するのが非常に難しいかもしれない。確かに、ベートーヴェンの《田園》交響曲を十分理解した鑑賞には、その曲にはかつて作曲者が抱いた感じが反映されているという認識が含まれているだろう。だが、《兵士の喜び》に同じことは言えないのだ。

4　喚起説

これまで反対していた見解は、表出的に聴こえる音楽は誰かの情動を外にあらわにすることで情動を表出している、というものだった。先ほど述べたように、この考えは最近のヨーロッパに由来するものである。それとは対照的に、最初期のギリシャ哲学者は音楽の表出的性格に備わる違う側面を強調している。たとえばプラトンの音楽的表出についての議論では、作曲者が抱いた感じが表に出る点はあまり取り上げられず、それよりも、聴き手が音楽の表出的性格を自身の内に取り込む点が扱われている〔Plato 1997〕。たとえば、自然に悲しく聴こえる旋法の音楽は、聴き手を身勝手で弱いものにしてしまい、さらに、不幸に陥ったときに悲しみがちにさせてしまうので、国家から追放されるべきだと言われている。また、孔子に由来する中国哲学の儒教の伝統でも、音楽の表出能力とそれが人を感化する力に警告がなされている〔Confucius 1979〕。儒教ではプラトンとは異なり、表出と受容のあいだには完全な互恵的関係があることが強調されている。音楽的選択に〔作曲者の〕内的状態が反映されているなら、その曲を聴くことで聴き手の内的状態が形作られたり制御されたりするだろうというのである。とはいえ孔子もプラトンと同じく、社会的な善のために、社会的に有害な情動を助長する音楽を検閲すべきだと結論している。

悲しい曲は聴き手を悲しくさせ、怒りの曲は怒らせるという考えは、〔前節までに反論してきた〕「《兵士の喜び》は喜ばしい」はその曲の作者が喜びを抱いたことを意味するという考えとは、論理的に独立である。むしろ「この曲は楽しい」というのは「曇りの日は陰鬱だ」というのと同じだという。つまり、〔「楽しい」や「陰鬱だ」という情動用語は〕受け手の情動状態の原因として使われているということである。ひょっとすると読者は、ロバート・ファーガソンがスコットランドのリールを称賛しているところを読んだときにすでに気づいていたかもしれないが、ファーガソンはそのリールを喜びのすぐれた原因とみなしている。聴き手はその曲の影響を文字通り感じて、い、る、というのだ。「この曲は喜ばしい」の「〜は喜ばしい」の意味に関するこうした見解は、伝統的には「喚起説」と呼ばれている。というのも、「〜は喜ばしい」の意味は「〜は喜びを喚起する」で完全に説明されるというからだ。喚起説には二つのバージョンがある。第一のバージョンは第二のバージョンよりももっともらしくないが、第一バージョンによると、表出的な記述が指しているのは、記述をした人自身の〔一人称的な〕反応の報告である。これに対し第二バージョンは、「この音楽は悲しい」は必ず一人称的報告だという点を否定する。とはいえ〔これから説明するように〕どちらのバージョンも、すべての事例に当てはまる魅力的な説明ではない。というのも、どちらでも、表出に関する用語を音楽に当てはめることで人が伝えようとしている事柄をうまく捉えられない場面が多数出てくるからだ。

一人称バージョンは、悲しい音楽や楽しい音楽について語るいくらかの人の意見を捉えているかもしれない。だが、「その音楽は私を悲しくさせる」以上のことを言おうとしている人のことを考えると、うまくいかない。ここで、以前に話のついでで出した退屈という情動について考えてみよう。たとえば、ハーモニウスという教授が音楽鑑賞についての講義をしているなかで、学生に「キング・クリムゾンの《トリオ》をどう思うか」と聞いたとしよう。すると、一人は「穏やかだ」と答え、もう一人は「退屈だ」と答えた。〔一人称バージョンに即して言えば〕一人目はその曲は落ち着きを与える効果があると答えており、二人目は退屈を生じさせるものだと答えている、と考えていいだろう。しかし、ハーモニウス教授が話を続け、二人目の学生に一人目の答えは適切なのかどうか尋ねた場合、〔二人称バージョンの〕問題が生じる。二人目の学生は、一人目の答えにおおむね同意するかもしれないのだ。ある人がある曲でとてつもなく退屈していても、その人は、その曲が退屈を表出しているわけではないことを十分よく理解しているかもしれない。（これは退屈に特有の問題ではなく、いらだちでも同じことが言える。私の知り合いはカントリーミュージックを聴くといらいらするが、そんな人でも、カントリーミュージックのうちのある曲は悲しく、この曲は楽しく、別の曲はユーモラスである、といったことを難なく区別できる。）

これに対し第二バージョンの喚起説は、退屈していた学生は自分が抱いた穏やかさを報告していないという問題に対処し、喚起説の核となる洞察を守ることができる。その喚起説によると、《トリオ》が穏やかな曲であることに同意した学生は、その曲はふつう聴き手に穏やかな感じを生じさせる、または、穏やかな感じを生じさせることが多い、と言っているというのだ。確かにこの分析は、ある種の場面である種の人たちが言おうとしていることを捉えていると思われる。たとえば、レコード会社がいくつかの曲をまとめて『宇宙で一番リラックスできるクラシック音楽』というアルバムを作る場合などがそうだ。それを聴けば〔おおよその人は〕リラックスできると考えられているのである。

しかしこの分析は、ある曲「が悲しい」とか「が喜ばしい」とかいうことが何を意味するのかについての一般的な説明としてはうまくいかない。というのも、この分析では、音楽が聴き手に喚起する典型的な傾向についてわれわれが知っている多くの証拠に目をつぶる必要が出てくるからである。にもかかわらず、こうした分析は、特定の曲を聴くとこうした影響があると現に人々が考えていることと矛盾しないと言うなら、そのとき、その分析には不当な憶測が反映されているだろう。たとえば、あなたがキング・クリムゾンのアルバム『暗黒の世界』のなかの《トリオ》を聴いて、あるいは、マイルス・デイヴィスのアルバム『カインド・オブ・ブルー』のなかの《ブルー・イン・グリーン》を聴いて、非常に多くの聴き手がそうであるように、退屈に思ったとしよう。それでもあなたは、それらの曲は他の人には穏やかさを与える効果をもつと言うなら、その根拠を挙げる必要が出てくる。しかし、その根拠を実際に探してわかるのは、賭けてもいいが、たいていの人はその二曲を退屈に思うということだ——多くの人はそうした曲のスタイルのファンではないので、曲の穏やかさにすぐ退屈してしまうのである。別の例として、「楽しい」を考えてみよう。「楽しい曲」は第二の喚起説を支持するためにうってつけの例だと思われるかもしれない。というのも、「楽しい」と言われる曲は、たいていの人を楽しくさせると思われるからだ。しかし、ヴォルフガング・アマデウス・モーツァルトの《音楽の冗談》（K．五二二）やレッド・ツェッペリンの《デジャ・メイク・ハー》は非常に楽しい曲なのだが、ランダムに選んだ一〇人のうち九人は、これらの音楽ジョークを理解できないだろう。それについてはかなり自信がある。〔訳注《音楽の冗談》はクラシック音楽の通例を外すように作曲されたものであり、《デジャ・メイク・ハー》はハードロックバンドの代表格であるはずのレッド・ツェッペリンが作ったレゲエ調の曲である。どちらも楽しさは通例を外している点にあるのだが、それを理解できるためには一定の音楽知識が必要となる。〕

喚起説の主な問題二つをまとめると、多くの人は表出に関する用語を使うときに自分の個人的な反応を反映させておらず、また、他人が実際にどう反応するかもみてはいない、ということである。ある曲が喜ばしいと言われるうえで、個人的な反応も一般的な反応パターンも考慮されていないのである。そうであるなら、「喜ばしい」と記述するのが適切だとされる聴取可能な性質は、音楽そのものによって提示されているはずだ。《兵士の喜び》の喜ばしさは、音楽的構造から創発する性質に違いない。〔訳注　音楽的構造そのものと同一ではないが、その構造があることで備わるようになり、また、その構造がなければ備わらなかっただろうという性質。〕音楽の場合、表出に関する用語は創発的なゲシュタルト性質の記述であり、その性質は、同じ用語で記述される複数の曲が共通にもつものである〔ゲシュタルトについては一六三―一六四頁も参照〕。この点は、花瓶が壊れやすそうなデザインをもつことを、実際に壊すことなく見ることと似ている。こうした特徴があるために、音楽は、何人かの聴き手に情動が伝染する源泉となると考えられたり、自己表出の適切な手段として使えるものだと考えられたりするかもしれない。しかし、音楽の表出的性格についての理論を作るうえで、情動伝染や自己表出に使えることを表出的性格の本質として理解するのは本末転倒である。〔訳注　情動伝染とは、他人が作った悲しい表情を見ると、自分には何の悲しむべきことも起きていないのに、悲しい気持ちになるといった現象のことである。喚起説は、聴き手を悲しくさせる曲が「悲しい曲」だと述べているが、この議論によるとむしろ事態は逆で、曲のうちに悲しみの表出性を聴き取ると、それが伝染して、聴き手も悲しい気持ちになるという。自己表出についても同じような説明の逆転がある。自分が抱いた悲しみを音楽で伝えようと思ったら、聴き手が悲しみを聴き取れるような音楽的特徴を入れるという作曲上の選択がなされるのであって、

悲しみを伝える意図があればどんな曲も悲しみの表出的性格をもつようになるわけではない。〕

これに対し、喚起説を守ろうとする人は、私の批判は不公平だと言うだろう。というのも、この批判では、私が前章で擁護した基本的な考えが無視されているからである。それは、無知な聴取は問題にならない、というものだ。問題となるのは、適切な音楽的構造を把握し、それに十分に慣れ親しんだ聴き手の反応である。たいていの人は、モーツァルトの《音楽の冗談》の面白さを聴き取るために必要となる適切な概念をもっていない。また私は別の論文で、レッド・ツェッペリンの曲の楽しさも、音楽的・文化的情報が適切なかたちで混ざり合うことで成り立つと主張した〔Gracyk 2007〕。したがって問うべき問題は、見識のある聴き手は、どちらかのバージョンの喚起説が要請しているような反応を行なうかどうかだ、と言われるだろう。だが、こうした喚起説の言い分にも反論できる。その反論は次の二段階から成っている。第一に、もし喚起説が、音がもつ自然な表出性の説明を目指しているのなら、〔表出性を理解できるかどうかの〕テストグループは、あらゆる種類の音楽を聴いている人のなかからの無作為選出で作るべきだ。文化に精通した聴衆の反応だけを取り上げるのは、誤解の原因となってしまう。そのように特定の聴衆だけを念頭に置いたテストは、アメリカの大学を卒業した人の意見だけを聞いて「自然」で普遍的な正義の感覚があると示すテストのようになってしまうだろう。第二に、擁護したい喚起説が自然な表出性の説明を目指したものでないなら、新たな問題がいくつか生じる。たとえば、「もうわかった、これ以上聴かなくてもいい」という反応をする聴き手が問題となる。言い換えると、十分に見識のある聴き手は、普通わずかな情報に基づいて、ある曲がもつ情動的な調子を特定することができるのである。ある曲がもつ明確な特徴が音楽的に面白い部分であることは少ないと強調したときにブラームスが言った悪口を思い出そう(「馬鹿はみんなそこを聴く!」)。多くの場合、見識のある聴き手にとって、音楽の表出性は鑑賞の出発点でしかない。そうした聴き手は通常、情動の表出行為よりも作曲や演奏に示される音楽スキルに興味をもっている。これに関して、エドゥアルト・ハンスリックの次の主張は正しかったように思える。もし音楽の根本が表出にあるのなら、どの音楽でも同じことが繰り返されていることになり、習熟した聴き手の美的興味を引き続けることはできないだろう。

5 カルリの悲嘆、アメリカのジャズ、ヒンドゥスターニー・ラサ

本章の残りでは、芸術としての音楽という話題に立ち戻ろう。議論上の仮定として、純粋でオリジナルな音楽が存在するとし、また、その音楽について次の三つが成り立つとしよう。第一に、人間には、音楽的パターンをはじめ多くのものに基本的な表出的性格を知覚してしまう傾向が備わっている。(多くの理論家は話を一歩戻し、音楽の真の起源は声の調子がもつ表出性にあり、それが音楽に発展したと述べている。)第二に、一般的なルールとして、表出的な音楽パターンは、そのパターンを作り出した人の情動的側面から生まれたものだとする。第三に、一般的なルールとして、音楽への反応として聴き手は、表出された情動を(実際ないし想像的に)自分でも経験するとしよう。そうすると、《兵士の喜び》がなぜ喜びを示すのかについての理論が作れ、また、その曲が喜ばしいということに関してなぜかなりの合意がとれているのかを説明できるようになる。しかし、表出性と芸術の繋がりはまだ与

えられていない。だからこそ、美しくて「表出的な」鳥の歌を取り上げ、それを一種の音楽芸術とみなすのは、どうしようもなく間違っている。しるしを示すことは芸術を作ることではないのである。

情動を示すことと情動を芸術的に表出することを分ける一番の違いは、芸術は鑑賞されるものだという点である。鑑賞は単なる好みや崇拝ではない。むしろ、特定の伝統のなかで人が成した達成を複合的に評価することである。第2章でビートルズの《イン・マイ・ライフ》を例に述べた通り、その「ハープシコード」サウンドを好むことは、この曲が録音されたスタジオで使われた技巧を鑑賞することよりも、ずっと単純な反応である。この議論を明確にするために、音楽パフォーマンスを鑑賞するという、一見するとシンプルにみえるケースを考えてみたい。

再びフェルドが行なったパプアニューギニアでのフィールドワークを取り上げよう。カルリの人々は自分たちが〔儀式で〕用いる悲嘆の泣き歌いを、アオバトの歌に由来するものとして説明している。他方でフェルドによると、カルリの人々はある葬儀の際にフェルドが録音した音源に興味をもったという。彼の関心を引いたのは、録音された即興の歌を聴きたいと多くの村人が彼の家を訪れたことである。その歌はハネという女性が従兄弟のビビアリという男性の魂に向けて歌ったもので、五分に届くかという程度のものだ。彼は、なぜこれだけ多くの人が特定の歌を聴きたがったのか不思議に思った。それを聴きたいという人にインタビューしてわかったのは、村人たちは録音された歌がもつ美的な達成に惹かれているということである。「カルリの人々は、その即興の構成が、統制され、よく練られ、精巧であり、〔あらかじめ作曲された〕歌とほぼ同じように作られていたことをわかっていた」〔Feld 1982, p. 129〕。それは即興で歌われたものだが、目をみはるほど素晴らしく悲嘆を演出している。

ここからわかるように、カルリの人々は、音楽的な自己表出なら何でも自然な表出として同等の価値をもつと考えているわけではない。彼らは、「即興形式という制限のなかで」調和のとれた演出の芸術的手腕を聴き、それを鑑賞しているのだ。つまりカルリの人々は、芸術でない悲嘆の表出には適用されない基準で、ハネがみんなの前で表した悲嘆を評価しているのである。カルリの人々がハネの歌唱を称賛する仕方は、チャールズ・ミンガスがレスター・ヤングの追悼で行なった《グッドバイ・ポークパイ・ハット》の演奏は他の演奏より美的に優れている、とジャズ愛好家が称賛するときと同等のものなのだ。

カルリの人々がハネの悲嘆の歌を称賛する仕方は、表出〔を行なう個人〕の特殊性や個別性を重視するヨーロッパのロマン主義的嗜好と驚くほど似ている。だが、芸術と個人とを結びつける考えは芸術的な成功に関する基準であり、基本情動の自然な外面化に適用されるものではない。ハネやジャズ・ミュージシャンの表出的な即興を、自分が抱いた感じの直接的で自発的な外面化として称賛すると、過小評価になってしまうだろう。テッド・ジョイアは、「プリミティヴで」自然な自己表出への美的な称賛がジャズ批評の中心になっていると指摘しているが、彼によるとそうした批評は結局、ミュージシャンを「自分自身でもほぼ理解していない芸術を実践している人」とみなしている。「こういった観点でみられたジャズの演奏は、文化的な事象ではなく、むしろ、てんかんに似た病理的苦痛に近いように思われる」〔Gioia 1988, p. 31〕。てんかんの発作を美的に評価することは、発作を起こした人から切り離された発作を評価することである。ハネが披露した高度に表出的な音楽を制御できない情動のしるしとして評価するのは、それと同じ評価法になってしまうだろう。

他方で、ハネの歌やジャズの即興といった例を一般化しすぎるべきではないと警告する必要もある。確かにどちらの例も、芸術に関するヨーロッパのロマン主義的説明と結びついた音楽的表出についての期待を裏付けるものになっている。本章の前の方で私は、表出的な詩に関してワーズワースが述べた影響力のある見解を引用した。そうしたロマン主義の理想は現在でも芸術に影響を与えている。だがジェネファー・ロビンソンが指摘しているように、ふつう「笑顔」は表出的性格をもっているが、だからといって、それがロマン主義的な意味で情動を表出していることにはならない〔Robinson 2007〕。むしろロマン主義の美学では、かなり細かく情動が個別化されている。つまり、芸術的表出の価値は、〔誰かが抱いた〕比類のない情動が正確に表明される点にあるのだ。ボブ・ディランの《ノース・カントリー・ブルース》のように、明らかに芸術家〔作者〕ではない虚構的な人物の情動が取り上げられる場面でも、その表出性は人間の情動能力について新しい何かを明らかにすると考えられている。ロビンソンによると、ロマン主義的表出は単に巧みな表出を作れば達成されるわけではない。というのも、芸術的表出には「新しくて比類のない情動状態」の表明が必要とされるからだ。カルリの人々がハネの歌を称賛する場合でも、イギリスの詩人フィリップ・ラーキンがミンガスを称賛する場面でも、ロマン主義的表出は各人の個人性にかなりの価値が置かれているのである。

より重要なのは、ハネとミンガスの成功基準を同等のものとみなすうえでは、個人的な表出が芸術作品の表出的性格に関する機能的に独特な手法だという考えが前提とされていることだ。特定の曲の表出性を鑑賞するためには、音楽上の、そのため文化的である制約を背景とした〔作者の〕選択を鑑賞する必要がある。しかし、個別の事例から一歩引いて、伝統を鑑賞することもできる。つまり、表出芸術を支えるために発展してきた集団の選択を鑑賞できるのだ。そうした選択は改訂される可能性がある。もし表出についての理論がロマン主義的なものしかないとしたら、その考えを明確にしたり、それについて議論したりすることに、とくに意味はないだろう。だが、ロマン主義的表出は一部の文化で好まれているものであり、音楽の普遍的な特徴ではない。むしろある種の伝統では、音楽的な個別化が非常に高いレベルで行なわれつつも、それが個人の比類のない表出とみなされないことがある。

第2章で取り上げたように、一九七一年のバングラデシュのためのチャリティコンサートの観客は、ラヴィ・シャンカルが始めに行なったチューニングを誤って演奏とみなした。とはいえ、この間違いはシャンカルの冗談で簡単に訂正されただろう。なぜなら、聴衆はすでに演奏の概念をもっていたからである（だが、それを誤って適用していたのだ）。しかし、ヒンドゥスターニー古典音楽の表出性を正しく鑑賞するのはこれより相当難しい。というのも、その音楽はロマン主義的表出理論の核となる価値を否定しているからである。この音楽は各人の個人性に疑問を投げかける。というのも、その演奏の目的はラサを示すこと、つまり、精錬され、脱人化された基本情動の風味を示すことだからだ。シャンカルが古典ラーガの長い即興演奏を行なっているとき、芸術家としての彼の目的は、演奏を個人の表出とみなす方針では決して正しく捉えられない。しかし、その即興は単なる音楽的技巧として提示されているわけでもない。ヒンドゥスターニー美学では、表出を伴わない純粋音楽にはまったく価値が置かれていない。専門的な技巧にはスピリチュアルな目的が伴うとされているのである。シャンカルが警告しているように、〔インド古典音楽に〕西洋で標準的とされる解釈を当てはめるのは単純に誤りなのだ。

たいていの西洋人は、個人性は解決すべき問題であり、解決策の一部は音楽から個人性を追放することだという哲学的教義に至ることはない――そう説明されても真面目に受け取れないだろう。インドでも世俗の音楽家や聴衆はこの点を無視することが多いが、ヒンドゥスターニー古典芸術には、芸術が悟りへの道だという考えが反映されている。ヒンドゥー教における悟りは、愛したり、憎しんだり、苦しんだり、笑ったりする「自己」からの脱却である。ラジ・クマールによると、ヒンドゥスターニー芸術の中心にある美的原理は、脱個人的で普遍化された情動の提示であり、そのため、「［聴衆のうちに］最終的にもたらされるのは、［個人によって］表明された情念ではなく、美的な雰囲気への脱個人的な没入」である〔Kumar 2003, p. 88〕。芸術的な表出性は、個人的な情動を取り払う方法として高く評価されているのだ。またこの伝統では、器楽音楽はバーヴァではなくラサを示すものだとされている。バーヴァは、大まかに言うと、基本情動となる重要なスターイバーヴァを含めた心的状態である。たとえば、悲しみと怒りはスターイバーヴァであるとされる。それらは表象芸術においてよく示されるものだ。ミケランジェロの《ピエタ》は悲しみのバーヴァを示し、それを観た人に共感の悲しみを喚起するだろう。しかし、共感は鑑賞にとって表面的な初めの一歩でしかない。

それぞれの基本情動に対応するラサがある（「ラサ」の文字通りの意味は、味わったり堪能したりできる「樹液」、エキス、風味である）。音楽を聴く眼目は、音楽のラサを「味わう」ことなのだ。しかし、ラサはバーヴァではない。両者の違いを説明するために、バーヴァとラサの関係は葡萄とワインのようなものだと言われることもある。ヒンドゥスターニー美学では、バーヴァとラサに異なる名前が与えられ、両者の違いが強調されている。悲しみ（ショーカ）は情動だが、そのラサは悲哀（カルナー）

である。また、音楽にはあまり登場しないが、情動としての憎しみ（ジュグプサー）に対応するラサは嫌悪（ビーバッァ）である。ヒンドゥスターニー美学では四ダース以上のバーヴァがあるとされているが、ラサは九つしかない。

作品はどれだけ複合的な情動も「表出的に」表せたかもしれないが、ヒンドゥスターニー芸術の真の目的は、ひとつの統一的なラサを聴衆に提示することである。既存の音楽的構造は青写真にすぎない。音楽はエネルギーであり、そのため音楽家は旋律構造にエネルギーを与えなければならない。シャンカルによると、ラサを提示するうえでは、旋律に「音楽家が命を吹き込む」「ただの音を揺らしたり震わせたりして生命を与える」必要があるという〔Shankar 1968, p. 33〕。こうした思想の結果としてシャンカルの演奏にもたらされる特殊性は、西洋やカルリの観点からすると、独創的で個人的な情動の表出にみえるかもしれない。しかし、そのような「鑑賞」は、この演奏の真の目的を無視した称賛になってしまう。卓越した演奏には、単なる自己表出ではなく、技能のある演者が情動の深遠な本質を抽出して提示することが求められるのだ。

音楽の表出能力を説明するために、音楽の起源となる自然な進化について、いくらでも好きな話を作れるだろう。だがそれだけでなく、ジャコ・パストリアスがデビューアルバムの一曲目を《ドナ・リー》に選んだ意思表示と、ラヴィ・シャンカルが《フーガ・ビンパラシ》の演奏で性愛・恋愛の熱望の本質を示そうとした目的の違いを理解する必要がある。パストリアスは、シャンカルではなくハネと同様、自己表出を行なっている。第1章では、パストリアスの表出行為は、その行為が音楽伝統のなかでもつ立ち位置に基づいていると述べていた。彼は音楽に関する文化的規範・期待に依拠しているのである。音楽が個人にかなり根ざしたロマン主義的な情動表出として使われる場合、その機能的な使用法は、シャンカルが属する伝統音楽のパフォーマンスには適用できないような文化的期待に基づいている。ヒンドゥスターニー的即興と「ロマン主義的」即興の対比からわかるように、芸術の表出的機能が基づく人間の傾向は、音楽を用いる普遍的な方法がひとつあるというわけではない。むしろ、それぞれ独特の表出機能をもつ音楽芸術が複数存在している。そのため、ある演奏でどの機能が現れているかを判定するためには、その音楽の起源に何があるか、つまり、シンボルを用いたやりとりや社会的選好からなる個別のシステムを参照しなければならないのである。

ここからさらに一歩進んだ分析が可能になる。一人の作曲家ないし音楽家も、異なる機会に異なる方法で表出的性格を用いることができるのだ。たとえばパストリアスのフレットレス・エレキベースの演奏は、(『ジャコ・パストリアスの肖像』と同じく一九七六年に発売された)私のお気に入りのレコードのひとつ、ジョニ・ミッチェルの『逃避行』の音楽的ハイライトとなっている。『逃避行』の力強さにとってパストリアスの貢献は不可欠なものだが、ここでの彼はミッチェルの表出行為のサポートにまわっている。彼自身が抱いた情動は重要ではないのだ。そのため、そこで彼が行なった情動の音楽的探究は、《ドナ・リー》のアレンジでみせた個人的な表出行為とは機能的に異なったものとなっている。『逃避行』での演奏は、むしろシャンカルと《ラーガ・ビンパラシ》の関係に近い。また、これとは反対の話もできる〔シャンカルにも個人的表出が見出せる〕。シャンカルは子供時代の一部をパリで過ごしており、彼の中期音楽キャリアの多くはインド以外の音楽家との共同作業に充てられていた。彼は西洋音楽もよく知っていたのだ。むしろ私が思うに、彼が行なったシタールと西洋オーケストラの三つの協奏曲は、彼がインドの伝統を背負って抱いた誇りの個人的な表出だとみなすのが最も適切である。ここでも言えるのは、音楽が芸術である理由は、音楽の意味が文化的状況と切り離せない点にあるということだ。

第4章　超越へといざなうセイレーンの声

音楽芸術が崇高であるのは、現実のものを模倣する手段をもつからではなく、ありふれた自然を超えて理念的な世界の高みへと上がり、至高のハーモニーによってこの世の熱情を動かす力をもつからである。（ジョアキーノ・ロッシーニ）

ドイツ音楽の偉大さはスピリチュアルな形式をもつ崇高さに訴えかける。（ジャック・デリダ）

音楽との出会いにより人生が劇的に変わってしまうことがある。パノニカ・ドゥ・コーニグズウォーター男爵夫人は、メキシコに住む夫と子供たちに会うために空港へ向かう途中、友人のジャズ・ピアニストであるテディ・ウィルソンのアパートメントに立ち寄った。〔訳注　パノニカ・ドゥ・コーニグズウォーターは、ロスチャイルド家の嫡流であるチャールズ・ロスチャイルドの三女として生まれ、第二次大戦中は夫のジュール・ドゥ・コーニグズウォーター男爵とともに対ナチス・ドイツのフランス解放運動（自由フランス軍）に参加した。ここで語られるのは、彼女がニューヨーク・ジャズ界のパトロンとなるきっかけとなったエピソードである。〕夫人との会話のなかでウィルソンは、セロニアス・モンクというジャズ・ピアニストを話題に挙げた。そのときモンクはあまり知られておらず、夫人はその名を聞いたことがなかった。夫人のジャズの好みを知っていたウィルソンは、モンクの《ラウンド・ミッドナイト》のレコードをかけようと持ちかける。（コピーライトに名を連ねる作曲者は何人かいるが、原曲を作ったのはモンクである。また、この曲は「ジャズの国歌」という愛称で親しまれ、いまやジャズ・ミュージシャンが作った曲のうちで最も多く録音されてきたナンバーになっている。）モンクの自作曲はたいていぎくしゃくしていて、刺々しく、不調和であり、《ラウンド・ミッドナイト》にも多少そうした箇所がある。しかし、この曲の主題は、憂いを帯びた夜更けの気分をかき立てるものであり、この曲を初めて聴いた夫人は涙を流した。後に語ったところによると、彼女はこの曲の魅力にすっかり心を奪われて、二〇回も繰り返し聴いたそうである。この話は記憶のなかで誇張されたものかもしれないが、真実に近い話ではあるだろう。夫人はタクシーで空港に向かうのを止め、ニューヨークのホテルへと向かった。彼女が言うには、《ラウンド・ミッドナイト》という器楽曲は自由のヴィジョンを提示しており、それによって彼女は、これまでの四〇年の人生を形作ってきた社会的な期待や制約のすべてを拒絶する力を与えられたという。三分間の音楽との出会いにより、コーニグズウォーター夫人は夫と五人の子供たちを捨て、残りの人生をジャズとジャズ・ミュージシャンたちに捧げることを決心したのだ。それから三年後、ついにセロニアス・モンクの演奏を目にする機会を得た彼女の人生はより本格的に変わることとなる。彼女はおよそ三〇年にわたって、モンクを支援するためにできることなら何でもやった。ニューヨーク近辺でのライヴの際にはモンクの運転手として働くこともしょっちゅうであったし、一度、麻薬を所持していたモンクをかばうために自分が犯人だと嘘の自白をし、投獄されそうになったことさえあった。

音楽に対するこうした反応は極端だが、音楽が人生を変えるほどの力をもつことは、人類の有史以来語られてきたことである。たとえば『オデュッセイア』では、命を脅かすほどに人を陶酔させる音楽の力が描かれている。その第十二巻のオデュッセウスがセイレーンに出会う場面では、セイレーンの歌と歌声はあまりに魅惑的で、男たちがそれを聴くために死体だらけの岩礁に舵を切って死んでしまうとされている。またユダヤ・キリスト教の伝承では、エリコの城壁が七つの角笛の音によって崩れ、住人が皆殺しにされたと言われている。他方で、音楽を根本的に恩恵をもたらすものとみなす伝統もある。ヒンドゥー教の伝統では、音楽は大いなる平和と人々の結束を生み出すために、賢人ナーラダ（「知を与える者」）に与えられた神からの授かり物だと考えられている。さらに、音楽はスピリチュアルな〔精神的な／超自然的な〕解放への道とされる。ヒンドゥー神学では、宇宙の根本は原初的な音楽だとされており、そのため、聖典の朗唱が神聖なものに近づく主要な方法だと説かれている。原初的な音楽を復唱する人間の音楽は悟りをもたらすことができるというのだ。ユダヤ・キリスト教の伝統では音楽の地位はここまで高くないものの、やはりそのスピリチュアルな力は重視されている。たとえば「サムエル記」の第一巻では、悪霊に苦しめられるサウルが竪琴の調べによって救われる様子が描かれている。

音楽に聖なるものとの結びつきを見てとることは、過去の遺物でも非西洋文化の変わった風習でもない。現在でも多くの音楽愛好家がその結びつきを強く信じている。それがよく表れた例として、二〇〇七年のヴァン・クライバーン国際アマチュア・ピアノコンクールの出場者たちの命運を記録したドキュメンタリー映画『彼らは弾きに来た（*They came to play*）』について考えてみよう。このコンクールに出場できるのは三十五歳以上であり、映画では、医者や弁護士、宝石デザイナー、歯科助手、ファイナンシャル・プランナー、ベルリン出身の元物理学者、パリ出身の元テニスインストラクターといったさまざまなアマチュア・ピアニストたちが登場する。そこで紹介された出場者のうちの三人は、音楽への情熱を説明するよう求められた際に、自分の音楽的才能は神からの贈り物で、演奏は宗教的またはスピリチュアルな実践だと答えている。たとえば、軍隊設備の調達計画を立てる職に就き、飛行機を操縦する趣味もあるケント・リエザウは、スコット・ジョプリンのラグタイム音楽の演奏を楽しみとしているが、彼によると音楽には神の一部が垣間見えるそうだ。私自身はスコット・ジョプリンの曲を聴いてそうした経験をもったことはないが、この手の意見を即座に否定するのは間違いだろう。こうした経験を与えることは、多くの文化の多くの人々にとって音楽がもつ重要な側面であり、真剣な考察に値するものだ。とはいえ本章の議論は、音楽がもつと言われてきた多種多様なスピリチュアルな側面のすべてを受け入れようというものではない。

1　実在の語りえなさ

神聖なものを啓示する音楽の力は、必ずしも神と結びついているわけではない。ウィリアム・ジェイムズは、かつてこう述べている。「音楽は存在に関するメッセージを与えてくれる。音楽に主眼を置かない批評では、そうしたメッセージに心底共感する人々の愚かさが笑われているが、その手の批評にこのメッセージを否定する力はない」〔James 1985〕。ここでジェイムズが指摘しているのは、〔神ではなく〕「よりスピリチュアルな宇宙」をあらわにさせる音楽の力である。また、音楽が唯一ないし複数の神を啓示するという側面を重視していない伝統で、音楽とスピリチュアリティの特別な関係が称賛されていることにも注目すべきだ。たとえば、インドの古典音楽と舞踊の伝統はヒンドゥー教と密接に結びついているが、音楽や舞踊による悟りへの道は、神の存在に通じているわけではない。ラヴィ・シャンカルによれば、理想の音楽は「内面のありようを神聖な平穏や至福にまで高める一種のスピリチュアルな修養」である〔Shankar 1968〕。ここで言われる神聖な平穏は、日常の平穏と同じではない。たとえば、日々の雑事を逃れて海岸のリゾートで南国のジュースをするときに訪れる心の平穏ではないし、『モーツァルト・リラクゼーション』〔モーツァルトのテンポが遅い楽曲を集めたアルバム〕がBGMで流れているときに感じる気分とも異なっている。音楽が神聖な平穏と至福を生み出すとすれば、「神聖」という言葉の定義上、それは日常とは違う実在の側面を意識させるものでなければならない。さらに、シャンカルが言うようにこの過程に情動が関わるとすれば、音楽は日常的な人間の情動を表出あるいは喚起する以上のことを行なっているはずだ。シャンカルが推進するこうしたヒンドゥー教の伝統に真理の一端があるとするなら、音楽がスピリチュアルな洞察をもたらす際には、日常の表出性を超えたものが必要となるだろう。

　私が問題としたいのは、特定の宗教やその教義を促進するための音楽ではない。たとえば、オリヴィエ・メシアンが新約聖書の一部から着想を得て作った室内楽の標題作品《世の終わりのための四重奏曲》を考えてみよう。メシアンがこの作品を作曲・初演したのは第二次世界大戦中にドイツの捕虜収容所に収容されているときだったが、彼はその曲で神聖なものに関する個人的なヴィジョンを表そうとしていたわけではない。メシアンは、自分の作品がローマ・カトリック教義の特定の神学的真理を伝える音楽的象徴であると自覚していた。この点で彼の四重奏曲は、G・W・F・ヘンデルの《メサイア》やヨーゼフ・ハイドンの《天地創造》の伝統に連なるものなのだ。これらの音楽作品がもつスピリチュアリティは、キリスト教を支えるという、作曲家の公然の意図の副産物にすぎない。そうした意図は、聖句を歌詞に組み込んだり、器楽であれば聖句や教典と結びついた標題をつけたりすることで達成される。しかし、このやり方で音楽に神聖さを組み込んでも、宗教が音楽に乗っかっているというだけだ。それゆえこの類の音楽は、音楽自体が神聖なものやスピリチュアルなものに到達する力をもつことを示す証拠にはならない。もともと音楽そのものをスピリチュアルなものと捉えがちな人でなければ、そこで音楽はスピリチュアルな目的で使われている〔からスピリチュアルであるようにみえる〕にすぎないと思われるだろう。それはちょうど、ウディ・ガスリーの《ユニオン・メイド》が、政治的な歌詞がついているために政治的目的をもつのと同じというわけだ。ガスリーは、《ユニオン・メイド》と同じメロディで《ライディング・イン・マイカー》のような子供向けの歌を作ることもできただろう。だがそうすると、もしメシアンの四重奏曲が〔《ユニオン・メイド》と〕同じように標題や歌詞を乗せているおかげでスピリチュアルなものになっているのだとしたら、音楽は神聖でも何でもなく、音楽外の事柄からスピリチュアリティが分け与えられているにすぎなくなる。ヘンデルの《メサイア》の場合、この非難はまったく正しい。というのもヘンデルは、ロマンティックなイタリア歌曲として作った多くの曲を、何年も後で宗教音楽として再利用しているからである。音楽は、情動や歌詞の内容、音楽外の物語を表現したり、宗教的教義を提示したりするために使われるが、そうした一般的な使い方の他に、何か重要な論点はあるだろうか。歴史的観点から言えば、次のような考えが広く受け入れられてきた。それは、音楽には、宗教的教義や記述的な標題に基づく解釈の助けなしに、神秘的な啓示を与えるという特別に強い力が備わっている、という考えである。一部の音楽は、他の形では語ることも名指すこともできないものや、言語で記述できる範囲を越え出たものに私たちを触れさせ、それによって神聖さをもたらすというのだ。

真にスピリチュアルなヴィジョンの経験はあまりに崇高で比類がないため言葉では言い表せないという考えは、古代ヒンドゥーのウパニシャッドから、〔十二世紀のイスラーム〕哲学者イブン・トファイル、中世のカトリック神秘家シエナの聖カタリナに至るまで、一致してみられるものだ。だが、それについて語りたいという願望は捨てがたい。そこで多くの人は、音楽が記述的な言語の限界を突破する手段になると考えた。〔言語に関して〕数多くの格言で知られるルートヴィヒ・ウィトゲンシュタインの言葉に次のようなものがある。「確かに言い表せないものはある。それは示される。それは神秘なのだ」。そして、「語りえないものについては、沈黙しなければならない」〔Wittgenstein 1922〕。これら二つの節では、語ることと示すことが対比されている。語ることとは、物事を記述する能力、言語を使って真偽が問える命題を表す能力を軸とした活動である。ウィトゲンシュタインの二つの言葉は、神秘を求める伝統が直面する基本的な問題を明らかにしている。それは、神秘を説明しようとしても、無意味なことしか言えないというものだ。神秘を伝えたいなら言語による記述以外の伝達手段が必要なのである。音楽は、言葉を使わないので、この沈黙を破って神秘を示す力があるかもしれない。たとえば作曲家は、他の仕方では知覚不可能な事物の本来の姿を私たちの前に晒す音楽を作ることができるのかもしれない。もし音楽に神秘や語りえないものを示す力があると立証できるなら、音楽がスピリチュアリティを啓示できるという考えを確固たるものとして認めていいだろう。

もっとも、語りえないものは必ずしも実在の隠れた局面というわけではない。ウィトゲンシュタインにとって、神秘的なものは単に「言葉にできないもの」にすぎず、そこには絶対的な道徳的価値をも含む、かなり広範囲のものが含まれている。また、ジャン＝フランソワ・リオタールが指摘しているように、表しようのないものを表そうとする問題は、ホロコーストなど大量殺戮の深刻さを伝えようとする場合にも生じる。リオタールは、ジェイムズ・ジョイスの文学作品を例に挙げ、そこでは「楽しみのためではなく、非常に強い意味において表しえないものを伝えるために、新しい提示方法が追求されている」と述べている〔Lyotard 1984, p. 81〕。ウィトゲンシュタインも同様に、神秘的なものは言い換えようのない直喩によってのみ伝達されると考えていたように思われる。作曲家や演奏家もこれに近い課題に取り組んでいる。彼らは、普通なら見ることも理解することもできないような何か――概念による分類や認識を逃れてしまうがゆえに言葉にできない何か――を、それを暗示する言葉に頼らず伝達しようとするのだ。とはいえ、直喩は言葉がなければ存在しない。この逆説については、キーネ・ウルトの次の指摘がおそらく正しいと思われる。それは、私たちは〔言葉を使う際の〕不和やずれの経験から〔言葉にできないものについての〕洞察が生じる機会を探し求めているというものだ。コーニグズウォーター夫人はモンクの《ラウンド・ミッドナイト》を聴いたとき、こうした不和やずれの経験に自由を感じ取ったのだろう。ウルトによれば、そうした不和は日常経験の「形式、限界、文脈と不可分に結びついている」〔Wurth 2009, p. 174〕。つまり不和は、当たり前となった日常や世俗、普通の感覚と対比して理解されて初めて不和となるのだ。だが、同様の論点は、建築、絵画、詩といった他のメディアにも当てはまる。それゆえこの方針では、音楽がとりわけ神秘性や神性への力強い道になるという直観を支持できず、本章の目的には適わない。

ここまで語りえなさをスピリチュアルであることのひとつの基準にしてきたが、単に語りえなければよいわけではないことに注意してほしい。語りえなさの経験は、神秘的なものに触れた可能性があると考える出発点にすぎない。注意すべきだが、音楽の語りえなさは次の二種類に分けられる。

1　音楽がもつ多くの特徴は言語で記述できる範囲を越えているため、音楽を聴いているときに音楽が私たちにどんな作用を及ぼしているのかを、言葉で説明することはできない。

2　音楽によって伝達されるものが言語の記述能力を超えているため、それを言葉で説明することはできない。こうしたことは、たとえば音楽が神聖なもの・超越的なもの・超自然的なものを仲介している場合に起こる。

第一の意味で語りえないものがあると、第二の意味で語りえないものもあると考えたくなってしまうが、その誘惑には抵抗すべきである。たとえば、兵役経験者はふつう戦闘の恐ろしさは記述の範囲を越えた語りえないものだと考えているが、通常、戦闘をスピリチュアルな領域のものだとみなしてはいない。それどころか、戦闘のような特殊事例以外にも語りえないものはある。スティーヴン・デイヴィスが指摘しているように、第一のタイプの語りえなさは人がもつほぼすべての経験に伴っている。

というのも、経験は言語よりずっと肌理《きめ》が細かいからだ。たとえば、あなたと一緒に夕食をとっているとき、私が蒸しムール貝を注文するとしよう。私はあなたに味見を勧めるが、あなたは貝類アレルギーのためにそれを断り、代わりにその味を説明してほしいと言う。このとき私はこの要求にどこまで応えられるだろうか。どれだけ味覚を洗練させ、食に関する語彙を広げようとも、私には薄っぺらな説明しかできないだろう。そこで私が経験していることの大部分は表現不可能なのである。デイヴィスが言うように「音楽が語りえないのは、感覚経験はどれも語りえないからだ」〔Davies 2011, p. 99〕としたら、音楽の語りえなさに追究すべきことは何もないだろう。

モンクの《ラウンド・ミッドナイト》が語りえない理由が、刈りたての干し草の匂いやタラの肝油の味が語りえない理由とまったく同じであるなら、音楽の語りえなさは、音楽がもつ肯定的な価値でもなければ、音楽を聴く理由にもならないだろう。実際のところ、経験の基礎となるクオリア〔前述の感覚的特徴〕が語りえないものであるがゆえに音楽経験に含まれるさまざまな側面も語りえない、というデイヴィスの主張は正しいと思われる。したがって、音楽が語りえないというだけでは「神聖さ」との結びつきが示されたことにはならない、と言える。音楽が〔先ほど区別した〕第二の意味で語りえないことを示すためには、音楽そのものの語りえなさ以上のものが必要である。つまり、音楽は、音楽の外にある深い意味で語りえない何かとの対応を示したり、それを写し出したり、そこに目を向けさせたりするがゆえに語りえない、と言う必要があるのだ。本章の残りで私は、第二の語りえなさを与える最も有力な候補は、音楽的崇高さであると主張しよう。

だがその前に注意点がある。以下では特定の種類の音楽的崇高さを考察するが、そこで扱われるのは音楽がもつスピリチュアルな側面の典型例のひとつにすぎない。私は、〔第6節で説明する〕「例示」に注目した見解によってスピリチュアルとされているすべての音楽が説明できると言うつもりはない。また、崇高に聴こえるすべての音楽が説明できると言うつもりもない。とはいえ、歌詞に促されたわけでも標題に導かれたわけでもない重要な崇高さの経験があるのは確かだと思われるし、それを適切に理解できれば、より広い範囲の崇高な語りえなさを理解する手がかりが得られるだろう。

2　美から崇高へ

音楽は他の仕方では語りえないものを捉えることができるという点に関して、ヨーロッパの伝統では二つの異なる考えが形作られてきた。そのひとつは第1章で紹介した、宇宙は〔天球の音楽のような〕聴こえない音楽で満ちているとする古くからの考えだ。この伝統では、音が音楽として組織化されるのは、根源的で神聖な比率に合致するときだという。たとえばアウグスティヌスは、そうした比率に合致していなければ歌唱は「肉体的雑音」にすぎないと述べている〔Augustine 1956〕。とはいえ第1章でみたように、この伝統は保守的すぎる。この伝統では、音楽を支配するのは耳ではなく数学であり、何が音楽的に美しいかを規定するのは音楽理論だとされているが、こうした古いモデルは十八世紀末にヨーロッパで発展した器楽音楽の魅力を説明できなくなり、その限界が明らかとなったのだ。

音楽理論〔的にふさわしい美〕ととくにかけ離れていたのは、ルートヴィヒ・ヴァン・ベートーヴェンである。今日ではベートーヴェンは非常に偉大な作曲家の一人とされているが、実のところ彼は辛辣な批評をたくさん受けていた（多くのクラシック音楽愛好家はこの事実を知らないだろう）。十九世紀の大半のあいだ、多くの聴衆や作曲家は、彼の作る耳障りで強烈な音楽の影響によって、音楽芸術の美や善が汚されていると感じていたのである。そうした批判からベートーヴェンの音楽を擁護しようとした支持者たちは、ドイツの芸術哲学に依拠し、芸術的達成についての別の基準を引き出した。音楽は美しくなくても崇高であればよいという基準だ。美と崇高という二つのカテゴリーは、美的反応の違いによって特徴づけられる。美は感嘆や快を引き起こすが、崇高さは畏怖や驚愕を生じさせる。崇高さへの反応にも、感嘆や快、さらには高揚感までもが含まれているが、その反応には暗い面がある。崇高さによって圧倒されるという感覚には、捉えきれなさ、恐怖、戦慄といった苦痛も混じり込むことがあるのだ。フリードリヒ・フォン・シラーによると、そこには思いがけない自由の感覚があるという〔Schiller 1967〕。近世の多くの著述家にとって、崇高なものの典型は、山岳地帯や火山の噴火、暴風雨といった人を圧倒する自然現象であり、芸術が崇高だと考えられることはほとんどなかった。ドイツの芸術哲学〔ドイツ観念論的な美学〕を代表する一人であるイマヌエル・カントも、建築には収まらない崇高な芸術（たとえばローマのサン・ピエトロ大聖堂）を言葉にするのに苦心していた〔Kant 1987〕。

しかし一八一〇年になると、哲学的教養のある一部の音楽愛好家にとっては、ベートーヴェンの音楽を崇高なものとして捉え直すことで、彼の音楽が型破りで耳障りだとする批判を回避できることが明白となっていた。この方針に沿った立場として最も有名なのは、E・T・A・ホフマンの見解だろう。ホフマンは、ベートーヴェンが他のどんな作曲家よりも優れていると主張するために、次のように論じている。ベートーヴェンの成熟した「ロマン的」スタイルでは、個人の表出は抑制され、「果てしない憧憬という特徴」を備えて「人間の魂に働きかける（……）セイレーンの声」が前面に押し出される。彼の作品がセイレーンの声であるのは、その快に苦痛が混じっているからだ。「ベートーヴェンの音楽は、恐怖、畏怖、そして苦しみの引き金を引く」のである。彼の音楽は美しいが、多くの場合それは「畏怖を抱かせる美」なのだ。ホフマンは「崇高」という単語をめったに使わないが、以下の引用部で中心的に語られているのは崇高の概念である〔Hoffman 1998〕。

ベートーヴェンの器楽音楽は、途方もなく広大で計り知れないものの領域に我々を対峙させる。その深い夜を燃え盛る閃光が突き抜けると、巨大な影がうねりながらこちらに押し寄せてくるのに気がつく。影は、次第に我々を狭い場所へと追い詰め、ついには押しつぶしてしまう。だが（……）我々は生きながらえていて、この超自然的なものの魅力に目を奪われているのだ。

ホフマンのレトリックのなかに働いている文化的影響について、数多くの音楽学者や歴史家が考察を残しているが、哲学者としての私が問題にしたいのはそこではない。ここで検討したいのは、音楽は聴く者を語りえないものに触れさせる力をもつという、この引用部の中心的見解が妥当かどうかである。十八世紀後半および十九世紀初頭以来、崇高さは音楽がこの〔語りえないものに触れさせるという〕目的を達成する手段として持ち上げられてきた〔が、それは正しいのだろうか〕。

美と崇高さを区別すると、個々の曲の評価が大きく分かれる理由の一部が説明できるようになるだろう。私の場合、語りえないものの暗闇のなかで閃光のように話しかけてくる器楽音楽を選ぶとすれば、ドミートリイ・ショスタコーヴィチの弦楽四重奏の数曲、グレイトフル・デッドによる「ダーク・スター」の主題をもとにしたいくつかの壮大な即興、モートン・フェルドマンの《ロスコ・チャペル》になる。どの曲も、ふさわしい形で崇高さの基準を満たしている。しかし、誰もが崇高なものを好むわけではない。(さらには、私が述べた基準に合わない経験が崇高と言われることもある。たとえばエドマンド・バークは、崇高の経験はつねに恐怖から生じると述べている。)本章の冒頭で触れたように、私はスコット・ジョプリンの音楽に超自然的なものが垣間見えるというケント・リエザウの意見には同意できない。私が同意をためらう理由の一部は、私が崇高な音楽を好んでいて、さらに、ジョプリンのラグタイムは掛け値なしに魅力的だとしても崇高ではないと確信していることにある。おそらくリエザウは音楽の内的整合性の美しさに反応しているのだろう。信仰心をもつ人はあらゆる美しい芸術作品のなかに神を見出す傾向にあるが、崇高さはアブラハムの神が甘美で明るいだけではないということを思い出させてくれる。

3　ショーペンハウアーの音楽観

とはいえ、先を急いで美を蔑《ないがし》ろにするつもりはない。多くの哲学者は音楽の美しさと語りえなさを結びつけてきた。なかでも最も有名で人々を惹きつけてきたのは、アルトゥル・ショーペンハウアーの見解である。彼は自説を擁護する際、それと競合する立場がうまくいかない理由を示している。本節では、このショーペンハウアーの見解を紹介したうえで批判する。私が思うに彼の間違いは、音楽がスピリチュアルな力をもつのは音楽が普遍的な言語であるからだと考えた点にある。本章の後半では、この考えに反論する形で、音楽が文化の産物であることはその啓示能力を脅かさないと主張する。むしろ、文化はその能力を解放するのだ。

ショーペンハウアーの立場は、『意志と表象としての世界』で提示されている。この著作は仏教とヒンドゥー・ウパニシャッド思想に関する彼自身の解釈の影響のもとに書かれており、その最終版となる第三版は一八五九年に発表された。最近ではあまり読まれていないものの、この著作が西洋音楽に与えた影響は非常に大きい。音楽は普遍的で形而上学的に重要な言語であるというショーペンハウアーの主張は、フランツ・リストからアルノルト・シェーンベルクまで、十九世紀の多くの作曲家に支持されていたのである。また二〇世紀初頭になると、彼の思想はルドルフ・シュタイナーの著作で取り上げられたことで、さらに広まることとなった。シュタイナーは、ショーペンハウアーの考えを引いてそれに賛同する形で、次のように書いている。「もしスピリチュアルな世界の片鱗を経験できることがあるとすれば、その経験は、音楽のメロディやハーモニーを聴くときや、それが人間の魂に影響を与えるときに生じるだろう」〔Steiner 1983〕。

ショーペンハウアーの考えをおおざっぱにまとめると次のようになる。私たちが知覚できる現象界〔知覚によって現れてくる世界〕は、実在が歪められた表層的な現れにすぎない。そびえ立つアメリカスギを見る場合も、腐ったごみの山を見る場合も、〔歪んだ表層しか見えていないという点で〕たいした違いはない。両者の現れには明らかな違いがあるが、それは些細なことなのである。〔歪められていない〕実在の世界は知覚不能な統一体をなしているのだが、〔現れの段階では〕それが別々の事物へと切り分けられて対象化されることで、実在が覆い隠されてしまうのだ。ショーペンハウアーによると、この問題の一端は、現象界を把握するのに概念や言語が使われることに由来する。概念や言語は私たちの欲求を満たすための手段・道具であり、そのため限定的な観点からしか世界と関わっていない。それらは経験を外から、つまり「観点のないところ」から捉えようとするために、経験がもつ複雑な特異性を押し殺してしまう。したがって、世界の隠れた本来のあり方は概念的に把握したり言葉で記述したりできるものではない。まさに表現不可能なのだ。

そうすると、私たちは自らの主観性に囚われているしかないのだろうか。ショーペンハウアーによれば、幸いにもそこから抜け出る道がひとつある。それこそが音楽、とくに純粋器楽なのである。音楽には現象界を超えた実在をあらわにする「秘密の」力が特別に備わっている。概念によって邪魔されないかぎり、音楽の流れは、他では現れないような活動に導かれているというのだ。単純な民謡でも交響曲でも、メロディの形には普遍的な「意志の力」が直接に反映されていると彼は主張する。メロディと抽象的な情動と意志の力を結びつけるこうした考えは、彼が抱いたインド思想への強い関心から来ているのだろう。(なお、多くの人の経験に反して、ショーペンハウアーは打楽器の音には実在を啓示する力がないと考えていたようである。)ハーモニーのついたメロディは、適切に働いていれば、純粋で抽象的な情動を伝達する。メロディの形式は、概念的な思考や言語によって曇らされないかぎり、超越的経験をもたらす力をもっている。〔メロディのような〕音楽的な関係は本質的に啓示的で、覆いの向こうにある実在を示しているのだ。

ただし、ここで言われているのは音楽であって、混成メディアではない。音楽に備わる啓示の力は、注意を惹く言葉が伴っていたり、メロディが満足のいくものでなかったりすると発揮されない。言語を処理する概念的な作業は、私たちの注意をメロディから逸らしてしまうのだ。とはいえショーペンハウアーは、歌のなかにも私たちを現象界の向こうに連れ出せるものがあると認めている。メロディが十分に際立つようにうまく構成されていて、歌詞が聴取経験のなかで重要な位置を占めないような曲であればよいというのだ。そうした例としては、ジョアキーノ・ロッシーニによるいくつかのオペラや、ローマ・カトリックのミサ曲が挙げられている。ミサ曲の場合だと、歌詞がラテン語であるため、そこに注意が向かず、言葉の力が弱まるのだ。だが、ロッシーニとミサ曲を除けば、交響曲が最良である。もっとも、すべての器楽曲が神秘に通じているということではない。かなり多くの器楽曲は、「模倣的」であるためにそうした力をもたない。なぜなら、模倣的な音楽は表象の一種であり、「概念を使った意識的な意図によって生み出されている」からだ〔Schopenhauer 1969, p. 263〕。ショーペンハウアーは、ヨーゼフ・ハイドンの《四季》のなかで蛙の鳴き声や夏の激しい嵐といった自然が模倣されている点を取り上げている。最近ではこの例よりも、アントニオ・ヴィヴァルディの《四季》での同様の技法や、ジミー・ヘンドリクスがウッドストック公演で演奏した《星条旗》に登場する爆弾の音の方が知られているかもしれない。私のお気に入りの例は、ミシシッピ・ジョン・ハートの《トーキング・ケイシー》に出てくるアコースティック・ギターを使ったさまざまな電車音の模倣である。ショーペンハウアーによれば、聴覚的な模倣があると、注意が分散され音楽が台無しになってしまう。つまり、模倣の場合も大半のオペラや歌曲と同じく、メロディが聴取経験の中心を占めないため、音楽の啓示的力が発揮されない。メロディラインは、音楽外の現象によって歪められてしまうのである。概念が聴取経験に入り込んでくると、その経験は外から把握されるようになる。すると、聴き手は語りえないものから遠ざけられ、語りえないものを語らずに示す音楽の力は、概念に導かれた平凡な聴取経験に取って代わられてしまうのだ。

ショーペンハウアーによる以上の議論では、音楽が二種類に分けられるという考えが前提とされている。ひとつは、メロディが普遍的意志を直接に表明していることで、世界の隠れた本来のあり方が垣間見える音楽であり、もうひとつは、他のあらゆる芸術も行なうような表象の役割を果たしていて、神秘を啓示しない音楽である。後者に分類される音楽（歌曲や模倣音楽、標題音楽など）が啓示に失敗するのは、それらを聴く経験に概念的思考が紛れ込み、さらに、そうした思考が促進されるためだ。この見解によると、ベートーヴェンの《田園》交響曲やジョン・コルトレーンのアルバム『至上の愛』は、他のあらゆる「模倣」芸術と同様、世俗的でありきたりなものにすぎない。（なお、ここで挙げた作品がすべて模倣音楽なのか、また、それらはつねに意識的な意図を示しているのかという点は、本筋に関わらないので措いておこう。）

しかし、本書ですでに説明してきたことからすれば、ショーペンハウアーが区別した二種類のうち、前者にあたる特権的な種類の音楽などないと考える理由がある。第1章と第2章で論じたように、あらゆる音楽的デザインには、作曲家や演奏家が抱いている、音楽とその可能性についての概念的理解が反映されている。インド音楽のラーガ体系を構成する基本的なメロディパターンは、西洋人の耳にはとくにメロディらしく聴こえない。だが、あらゆる音楽には文化が混じり込んでいるというエドゥアルト・ハンスリックの次の指摘を思い出そう。「我々がチロルの農民の歌を聴いても何の芸術の面影も見出だせないかもしれないが、それは正真正銘の芸術音楽である」〔Hanslick 1986, p. 70〕。もし概念能力を使わずに創作・鑑賞される「純粋な」音楽などないとすれば、音楽も他の芸術と同様に、普遍的な伝達手段にはなりえないだろう。それゆえ、音楽が普遍的で重要な形而上学的意味をもつというショーペンハウアーの主張は斥けられる。音楽は芸術であり、だからこそ、その文化的慣習やスタイル上の慣習を知らなければ、理解できないものなのだ。

ショーペンハウアーの立場に対する最後の批判として、彼が純粋器楽に崇高さを認めていない点を取り上げよう。ショーペンハウアーによると、純粋器楽には悲劇を伝えたり恐怖を植え付けたりする主題がないため、崇高さを感じる根拠がない。もし崇高さを感じることがありうるとすれば、その経験では知覚者が個人的に脅威を感じているとしか考えられないという。もちろんこの主張はおかしい。というのも、映画などの視覚メディアでは、描かれているものが現実の脅威だと思っていなくても、崇高さを経験できるからだ。それでもショーペンハウアーは、優れた音楽は必ず美しいが、崇高ではありえないと結論している。（ちなみに、この見解は自然の崇高さについてのショーペンハウアーの考えと矛盾するとアレックス・ニールが指摘している〔Neil 2012〕。）私の考えでは、音楽の場合、たとえばショスタコーヴィチの後期の弦楽四重奏を聴いて本物の崇高さを経験するために、〔悲しみや恐怖を喚起する〕主題を見つけ出す必要はない。これらの曲は音楽による彼の自伝として聴かれることもよくあるが、〔崇高さを経験するために〕そのように聴かなければならないわけではないのだ。そのため、歌詞や標題のない音楽に現れる崇高さやその価値を認められない理論には欠陥がある。とくに、語りえないものを啓示する音楽の力を説明するものとしては、その欠陥は深刻なものだ。（いまみたショーペンハウアーの論点は、ピーター・キヴィーの最近の議論を先取りするものになっている〔Kivy 1990, 2007〕。キヴィーによると、芸術が深遠であるためには深遠な主題が必要となるため、純粋器楽は深遠ではありえないというのだ。だが、崇高さは美的性質であるものの深遠さは美的性質であるかどうかあまり明らかでないので、深遠さについてこれ以上の考察は控えよう。〔訳注　深遠さと美的性質の議論についてはDe Clercq, R. [2011] "Aesthetic Properties," in *The Routledge Companion to Philosophy and Music*, pp. 144–154. を参照。〕）

幸い、ショーペンハウアーの見解から導かれる二つのジレンマ〔前段落と前々段落の問題〕は、〔誤った前提に基づいた〕偽の問題だと思われる。本章の残りでは、概念や文化的慣習の存在は、語りえないものを示すという音楽の能力を抑えるどころか、むしろ解き放つと主張しよう。これを示すにあたってとくに注目したいのは、啓示的な音楽の特徴としてショーペンハウアーが認めていなかった美的性質、崇高さである。ただし、この議論には代償もある。それは、音楽が世界の内なるあり方を垣間見せてくれる唯一の手段だとは言えなくなることだ。私は、多くの表象芸術の作品にも世界を啓示する力があると認めたいと思っている。それが明らかな〔絵画の〕例としては、J・M・W・ターナーの《吹雪――港の沖合の蒸気船》（一八四二年）が挙げられるだろう。あるいは、カスパー・ダーヴィト・フリードリヒの《氷の海》（一八二三年頃）もそうだ。偶然ながら、どちらの絵画にも船を圧倒する自然の力が示されている。どちらの絵画でも、船が自然の力の大きさを示すスケール感を与えているのである。しかるべき想像力をもった鑑賞者であれば、そこに表象されているものの崇高さを捉え、その光景の神秘的・スピリチュアルな次元を捉えられるはずだ。器楽音楽はこれとまったく同じ仕方で私たちの想像力に働きかけるわけではないが、とはいえ、音楽には奥深いスピリチュアルな経験が他の芸術形式の倍多く現れるというマーガニータ・ラスキーの見解をみれば安心できるかもしれない〔Laski 1976〕。ラスキーが「忘我《エクスタシー》」と呼ぶそうした経験の多くは、近代に崇高な経験として説明されたものと合致している。

4　崇高さは主観的なものか

音楽の崇高さを経験した人が、それを無限へといざなうセイレーンの呼び声だと解釈することに対して、メアリー・マザーシルは警鐘を鳴らしている。「スピリチュアルな高みに至る感覚があるからといって、実際にスピリチュアルな高みに至っているとは限らない」〔Mothersill 2009〕。ここで、そうした高みに至る感覚を与えるのが崇高さだとすると、崇高さはまったく主観的なものではないかという疑いに突き当たる。カントの言葉を借りれば、「崇高さは自然のうちにあるのではなく、我々の心のなかにあるにすぎない」ということだ〔Kant 1987, p. 264〕。そうだとしたら、崇高さを経験しても、自然や宇宙のスピリチュアルな次元について何か得られることにはならない。この批判は、唯物論的な考えによって強化されがちだ。つまり、そうした崇高さの経験は、自分の体内で生じた何らかの化学反応や神経発火を主観的に意識しているにすぎないというわけである。この種の懐疑的態度の典型は、エベネーザ・スクルージ〔ディケンズの小説『クリスマス・キャロル』の主人公〕が同僚のジェイコブ・マーレーの幽霊を見たときの次のセリフに表れている。「ちょっと腹の具合が悪いと目が騙される」。幽霊が見えることは、超自然的な存在によってではなく、もっと陳腐な事柄によって説明されるかもしれないというわけだ。たとえば、「わずかに未消化の肉、一匙のマスタード、チーズのかけら、生煮えの芋」のせいかもしれない〔Dickens 1843〕。ここで〔音楽の〕崇高さを疑う人は、未消化の肉と音楽形式を置き換え、超自然的なものの経験に思えるものは、本当に向こう側の世界に関わっているわけではないと言うだろう。音波が耳に入って神経信号が脳に届くと、適切な受容能力をもつ聴き手は、スピリチュアルなものの感覚を抱いてしまうというだけなのだ。

確かに音楽をセイレーンの呼び声として持ち上げすぎることに対する懸念はあるが、とはいえ、この手の還元的説明も適切ではない。もちろん、私たちの経験が生じる過程についての唯物論的説明でわかることはたくさんある。たとえば、そうした過程がうまく働いていない人に何が起こっているのかを説明できるだろう。第2章で先天的な失音楽症について触れたが、この症状が脳の働きの異常から生じていることについて疑いはない。しかしだからといって、語りえなさや神聖さの経験が特定の脳内活動に尽きるということにはならない。たとえば、携帯電話が私の妻の声を生み出している仕組みがわかったからといって、その音は妻が電話の相手に話している内容を極めて正確に表しているという事実がなくなるわけではない。これと同様に、音楽のなかのある音のパターンが信頼できるかたちで脳を刺激し、畏怖や深い意味での語りえなさの経験を生み出すとわかったからといって、その音楽が語りえない何かを伝達している可能性がなくなるわけではないのだ。「出エジプト記」によれば、神はモーセの注意を惹くために木立に火をつけて、そこから語りかけたという。いい方法だ。神に仕えるかどうかが個人の自由とされている伝統では、劇的な出来事を創り出すことで神が注意を惹きつけると考えられたのも頷ける。神が燃え上がるのに燃え尽きない木立を創造したように、ベートーヴェンやコルトレーンは音楽を提示した。どちらの場合でも、注意を惹きつけて放さない力をもつ外部刺激が選ばれているのだ。

この議論の骨組みに肉付けするため、視覚の場合を考えてみよう。科学は、〔視覚の〕基盤となる神経生物学的メカニズムについて非常に詳細な説明を与えている。たとえば、空をうねりながら進むガンの群れを見るとしよう。それを見るためには、視神経が生み出した電気信号が後頭葉を刺激する必要がある。さらに、視神経から生じる信号は、網膜に届く光波に反応するもので、視野に入った対象の動きを示している必要がある。だが、以上の事実が成り立っているからといって、見ることは特定の脳部位に生じる刺激が意識的に気づかれているだけのことだと結論する人がいるだろうか。また、後頭葉の活動にはそれ以上の何の意味もないと結論するだろうか。そんな推論はおかしい！　もちろん、神経経路のどこかに不具合がある場合には、ガンを見ているように思われても、実際にはガンを見ていないということがある。視覚経験が身体の外の世界で同時に起こるリアルタイムな変化に対応していない場合、その経験は夢か幻だろう。夢を見ているときも後頭葉で電気活動が生じているので、鮮やかな夢は現実の出来事と見分けがつかないかもしれない。しかしだからといって、人生は一続きの夢だということにはならない。ガンの夢を「見ている」場合と、本物のガンを見ている場合とでは、たとえ脳内で起きていることが同じだとしても、その外に違いがある。それは、電気信号が網膜の外の世界の出来事に適切に対応しているかどうかである。ガンを実際に見ることとガンの夢を見ることは、主観的には区別できないかもしれないが、両者は、その経験が生じたときの世界に関する重要な情報をもたらすかどうかの点で、まったく異なっているのだ。

視覚について言えたことが、聴覚にも当てはまる。眼と同じく、耳は世界につながる経路であり、音波は世界のなかで生じる客観的な出来事である。〔先の説明の〕視神経を聴覚神経に、網膜を内耳の蝸牛殻《かぎゅうかく》にある特殊な有毛細胞に、後頭葉をヘッシェル回と呼ばれる部位に置き換えればよい。確かに聴覚は、音波が内耳の蝸牛殻をくすぐったことをつねに正しく伝えてくれるわけではない。後頭葉の場合と同じく、聴覚皮質は外部の刺激がないのに「聴覚経験」を生み出すことがある。たとえば、夢のなかで音を聴く場合だ。また、頭のなかで断片的な音楽が繰り返し鳴り続ける「イヤーワーム」の経験がある人も多いだろう。あるいは、音楽を大音量で長年聴き続けると、内耳の有毛細胞が損傷され、実際には何も鳴っていないのにひっきりなしにブンブンまたはリンリンいう耳鳴りが起こったりする。さらには幻聴もある。しかし、こうした事実があるからといって、聴覚システムは外界で成り立つ客観的な関係を知覚するためのものであるという点が否定されるわけではないのだ。

次に、私たちの知覚システムは美的性質にも反応するものであることを強調しておこう。私たちは単なる形や、色、運動を見るのではない。知覚対象がもつ無数の特徴のあいだで成り立つ複雑な相互作用に応じて、私たちの眼は多様な美的性質を見つけ出す。美しさ、優美さ、繊細さを見ることもあれば、醜さ、みすぼらしさ、けばけばしさ、といった不快な性質を見ることもあるのだ。こうした美的性質の知覚は、人間の他の知覚と同じように、特定の脳の活動を基盤としていると思われる。崇高な光景を目にしたり、崇高さが表れた作品を想像力に依拠して鑑賞したりするときに抱く畏怖や啓示の感覚についても同様だ。神経科学がもっと進めば、多様な美的反応のそれぞれに対応する個別の神経生理学的反応を特定できるようになるだろう。また、鑑賞されている美術や文学、音楽作品が同じでも、ジェンダーや文化の違いに応じて神経的反応に興味深い違いがあると確証される日も訪れるだろう。こうしたことは、なぜ人間には虹やその他の視覚情報のうちに美しさを知覚する傾向が備わっているのか、なぜ私たちは外の世界の経験に結びついたこんなにも多様な美的性質を認識するのか、ということが、説明を要する問題であることを示している。

先ほどと同じく、これも視覚に限った話ではない。私たちは美的性質を聴くこともある。それらは音の組み合わせから創発する特徴だ。たとえば、リヒャルト・ワーグナーのオペラ『ニーベルングの指環』に出てくるドラゴンであるファフナーのメロディの動機《モチーフ》はぎこちない。ポピュラー音楽で言えば、ニック・ドレイクの多くの曲は繊細である。また、彼の歌い方は儚さを帯びており、それによって彼のパフォーマンスに見事な統一感が与えられている。対照的に、シャッグスの場合は曲もパフォーマンスも、拙く、たどたどしい。さらに、楽曲とパフォーマンスが文化的発展の契機として鑑賞された場合には、それらがもつ固有の歴史的要素に関係する美的性質が見出されることもある。たとえばジョン・ウィリアムズは、主に映画音楽で活動しているため、最も有名な存命中の管弦楽作家だと言えるだろうが、その作品は驚くほど目新しさに欠けている。あるいは、一九二〇年代後半において、カーター・ファミリーの楽曲は保守的だったが、ギタリストのメイベル・カーターの演奏は極めて独創的だった。また、彼女の「カーター・スクラッチ」〔と呼ばれる奏法〕も並外れた影響力を誇っていた。こうした美的性質、つまり、目新しさに欠ける、保守的である、独創的であるという特徴は、文化的背景を何も知らないで音楽に接する場合には聴き取れないものだろう。だが、それらは音楽経験にとって重要な要素なのである。

美的性質の経験は、それを生み出す音のパターンと同じく、外部世界についての情報をもたらすものではないだろうか。もしそうでないとしたら、これほど多くの美的性質を細かく区別する傾向が人間に備わっていることの説明がつかないのではないだろうか。

5 崇高さの経験

美的性質には数え切れないほど多くの種類がある。ジェットコースターに乗るときのゾクゾク感から、マーク・ロスコの後期の絵画の多くに見られる荒涼とした気高さまで、経験に美的な違いをもたらすあらゆる特徴が美的性質である。つまり、経験そのものを評価する場合に、経験のある側面によって当該の経験が（より）良いものになっていたり、（より）悪いものになっていたりするならば、そこには美的性質が現れていると言える。なお、「経験」は感覚知覚よりも広いカテゴリーである。美的性質は想像経験にも現れるし、ときに、知的な思考の経験にも現れる。

ここでの目的にとっては、美的反応とその基盤〔の関係〕について詳細な説明を加える必要はないだろう。むしろ、美的性質と、恐怖・悲しみ・恥といった人間の強い情動の類似点をいくつか考察すれば十分なはずだ。美しさなどの典型的な美的性質がかなり目立ったかたちで知覚されることを考えれば、それらが単なる主観的な陽炎《かげろう》のようなものであるとは思えない。私がここで提示したい主張は、美的性質の経験には重要な役割が本質的に備わっている、というものである。情動と同様、美的性質の経験は世界のなかの出来事や対象に向けられている。それらは世界を捉える手段なのだ。

再び、飛んでいるガンの群れを見たり、その鳴き声を聴いたりする経験を考えよう。ガンの群れが波打つように飛ぶさまは優美だ。他方で、ガンの鳴き声は品がなく、醜いとすら言える。優美さや醜さは、経験される他のいくつかの性質の組み合わせを認識することから創発する美的性質である。ここでの目的にとって重要な問題は、こうした美的性質が世界に関する実質的な物事を教えてくれるのかどうかだ。先ほど述べたように、美的性質に関しては主観主義を採る人が多い。その考えが示された定番の一節として、デイヴィッド・ヒュームの次の言葉が挙げられる。「美は物自体の性質ではない。美は物をみる心のうちに存在するにすぎない」〔Hume 1993〕。しかしヒュームも、こうした心的反応が何の規則性もなく生じるとは考えていない。美を知覚することは、色を見ることや蜂蜜の甘さを味わうことと似ている。これら三つの反応は、知覚される対象がもつ客観的な形態や構造に左右される点で似ているのだ。美的性質は、経験される他の性質から創発するものであり、また、そうした他の性質を補う役割も果たす。ガンの群れの視覚的な動きはガンたちが南へ向かっていることを教えてくれる。では、群れの流れの優美さは、動きの事実の他に何を教えてくれるのか。少なくともそれが直接伝えているのは、集団の連携がうまくいっていることである。個々の鳥に注目したときに気づくのは、それぞれが精力的に運動していることでしかない。どの鳥も、絶え間なくバタバタと羽ばたいており、頭部の高さを保ちつつ、翼を上げながら胴を引き下げ、翼を下げながら胴を引き上げる動作を繰り返しているが、その様子はあまり優美とは言えない。しかし、集団として見ると、ガンたちはオリンピックに出場する八人漕ぎのスカル競技チームのような優美さを放っている。個々の動きは荒々しいが、全体の印象はしなやかなのだ。競技チームの優美さもガンの群れの優美さもゲシュタルト性質である。ゲシュタルト性質は、個々の部分の働きに注目しているときには知覚されない。それは全体の美的な印象であり、部分同士が非常にうまく連携していることを示しているのである。

美的性質は世界についての情報に対する評価的要素を含んでいるが、とはいえ、優美さや美しさ、崇高さを経験するために、そうした情報に意識的に気づいている必要があるわけではない。この点で、美的反応は情動経験と非常によく似ている。（ヒュームはさらに進んで、美的経験は情動であり、「冷静な」情念だと述べている。）怒り、性欲、恐れ、悲しみ、喜びといった情動の典型例は、自然や社会の環境と自分の関係についての判断の一形態である。ここで述べているのは、こうした情動が特定の思考パターンによって引き起こされるということとは違う。前に述べた、情動は思考であるという主張を思い出そう。情動は、私たちを世界のなかに位置づける判断である。たとえば、不意に感じられる恐怖は、危険の知覚に対する反応ではない。恐怖は危険が存在するという判断そのものであり、起こりうる危害の回避を促す生理的反応と結びついている。悲しみは、何かを喪失したという判断に対する反応ではなく、むしろ重大な喪失が生じたことを知覚する手段そのものなのだ。こうした例では、ロバート・ソロモンが指摘しているように、情動的な判断を下すことと、情動的な判断を意識的に振り返ることは、大きく違っている。確かに、情動が生じると、その情動が生じた理由・原因が意識的に振り返えられることが多い。怒りを感じるときには、たいてい、自分が誰に対してなぜ怒っているのかをわかっているように思われるだろう。しかし、こうした意識的な信念は必ず正しいわけではないし、明確でない場合もある。意識的にわかるかぎりでは何の危険とも結びついていなさそうなのに、説明のできない恐怖を抱いて苦しんだことは誰しもあるのではないだろうか。

情動と同様、美的性質の経験は、その経験を引き起こした対象や光景についての判断である。美的性質は、知覚などの認知的プロセスの経験的側面であり、つまりは心的な現象であるというかぎりで、主観的なものとみなされるかもしれない。さらには、価値判断はすべて主観的なものだと考える場合にも、美的性質は主観的なものとして片付けられてしまうだろう。たとえば陶器の置物を見て、センチメンタルさや甘ったるさではなく、可憐さや可愛らしさを知覚するとき、確かに置物に対して否定的ではなく肯定的な判断を下している。しかし、このような例からは、美的判断が純粋に評価的な要素に尽くされないこともわかる。美的判断は記述的な要素も含んだ評価的判断なのだ。「良い」や「見事だ」といった何にでも当てはめられる褒め言葉を除けば、美的な語彙は美的判断の対象について一定の記述的説明を与えるものである。たとえば一八九五年の『ミュージカル・ニュース』では、エイミー・エルシー・ホロックスのいくつかの曲が「とても可憐で可愛らしい」と形容されたが、そのときには、別の作曲家による賛美歌がメロディアスで「輝かしい性格だ」と称賛されたときとはまったく異なる非美的な特徴に注意が向けられている。同様に、私がショスタコーヴィチによるハ短調の弦楽四重奏（作品一一〇）は崇高だと言い、ウォーレン・ジヴォンの歌《ヘイスン・ダウン・ザ・ウィンド》のメロディは美しいと語るとき、私は両者が非常に異なる仕方で見事であると述べている。つまり、音楽が称賛されるとき、美しいと記述されることも、崇高だと記述されることもあるが、これらの賛辞は互換可能ではないのだ。

美的経験と情動はさらに別の点でも似ている。それは、音楽が可憐であるのか輝かしいのか——あるいは美しいのか崇高なのか——を決める条件の詳細は、知覚者に明瞭にわかるわけではない、という点だ。人が怒るとき、その怒りの理由に関して意識的に抱かれた信念は、自己欺瞞に陥っていたり、怒りを実際に引き起こした対象について誤りを含んでいたりする。対象がもつさまざまな側面のうち、どれが怒りの反応に結びつくのかは自明ではないのだ。美的判断にも同じことが言える。ピーター・キヴィーの言葉を借りれば、「芸術作品を前にするといつも困惑する。〈統一感〉〈バランスの良さ〉〈適切さ〉といったものを何度経験しても、それらを生じさせている特徴がどれなのか突きとめることは不可能ではないだろうか」〔Kivy 1968, p. 93〕。多くの人は、『スター・ウォーズ』に使われたジョン・ウィリアムズの曲を聴いて目新しさに欠けると判断するが、具体的に何がその原因であるのか述べることはできない。またこの曲は、リヒャルト・ワーグナーのように聴こえると言われたりするが、実際のところワーグナーよりもエーリヒ・ヴォルフガング・コルンゴルト〔二〇世紀初頭にオーストリアとアメリカで活躍した作曲家〕に似ている。さらに、一般的に言って、自分の美的反応を振り返って理解する判断には、文化的なバイアスが反映されている。たとえばベートーヴェンは、自然美の経験に対して特定の一神教的な解釈を与えつつ、次のように述べている。「しかるべき原子が偶然に集まっただけでは、この世界は作られなかったはずである。世界の構造に秩序と美が備わっているとすれば、神が存在するのだ」〔Beethoven 1904〕。そのため、個々の美的経験に関して、そこにどういった〈世界に関する〉基礎的な判断が含まれているのかを突きとめることは、とても大変な課題なのだ。

確かに、通常と異なる経験というものはある。たとえば、存在しないはずの声が聞こえたり〔幻聴〕、切断手術を受けて失ったはずの足の痛み〔幻肢痛〕を感じたりする人がいる。同様に、ほぼすべての人が美しさを見て取る場面で、醜さを経験する人がいる。だが、そのことは、異常な情動反応を抱く人がいるのと同じで、とくに問題にはならない。ここで理解すべき問題は、そうした経験の要素としてどんな判断が生じているかである。この課題は〔そうした経験を生じさせる〕典型的な外部の原因を突き止めることとは違う。仮に、崇高さの感じや、神秘的・超自然的なものに触れているという信念を確実に生じさせる音楽作品の多くに、ある一般的な音のパターンが現れているとしよう。聖歌にお決まりのカデンツはそうした候補のひとつだ。とはいえ、そうしたパターンを特定しても、音楽の崇高さを説明するうえでは小さなステップにしかならない。さらに知りたいのは、こうした崇高さの経験が生じるときに、世界と向き合う私たちの態度がどう変化するかという点である。怒りや恐怖などの情動は人の振る舞いに影響を及ぼすものだったが、崇高さの経験もそうなのだろうか。

以前に述べたように、崇高さの感じは、圧倒される感じに伴う畏怖・驚き・感嘆・〔高揚感にまで至るような〕快によって特徴づけられる。ときにはそこに、恐怖や戦慄、理解できないことの苦痛が混じり込む。他の重要な感じにも言えるが、崇高さの経験に強い生理的反応が伴っているからといって、その経験が世界に向けられた判断を含んでいることを見失ってはならない。それは、並外れて特別で語りえないものを前にしているという判断である。この判断は、それに先立って生じる連続した二つの判断に依存していると思われる。まず、自分が認知的混乱に陥っているという判断がすぐに生じる。次に、圧倒的な光景や出来事の前では自分など取るに足らないものだという認識が生じる。マルコム・バッドの秀逸な表現を使うならば、世界との日常的な関係が壊される感覚や想像によって、「日常的に感じられる自己の重要性や、さまざまな関心・計画の重要性が（……）突如として地に落とされる」〔Budd 2002, p. 85〕。およそ知覚者は、知覚している自分と知覚される対象との区別を失ってしまうのである。こうした崩壊の経験を肯定的に評価する人は、それを啓示的だと捉えるだろう。他方で、この経験を肯定的には捉えず、混乱や身震い、不快なほどの違和感を抱く人もいる。だからこそ、ショスタコーヴィチの弦楽四重奏や、デッドヘッズ〔グレイトフル・デッドの熱狂的ファンたち〕にスピリチュアルな啓示として受け取られているグレイトフル・デッドの一時間あまりの即興は、普通のポップ音楽のファンには、ただ身震いがして退屈なだけに思えたりするのだ。しかし、もしコーニグズウォーター夫人が《ラウンド・ミッドナイト》で崇高さを経験したとすれば、それが自由の宣言のように聴こえたのももっともな話である。

ジョン・キーツは「美は真理であり、真理は美である」と言ったが、これは正しくないように思われる。というのも、美的反応に含まれる評価的側面は、真偽の基準とは関係がない判断だからだ（つまり、真と偽という対照的な値をもたない）。大半の美しい芸術は嘘を並べることで美しくなっている。美的反応は評価と信念を併せもつので、美的性質をもつ芸術作品の成功は、真偽とは別の観点で測られるはずだ。〔訳注　嘘を並べている、つまり、文字通りには偽なことを表している作品も成功しているとみなされるからには、成功の基準は真偽ではないことになる。〕ここで、記述的な言語は神秘を説明できないというウィトゲンシュタインの指摘を思い出そう。日常言語に十分な力があれば神秘は語られうるはずだが、語りえなさと神秘が生じるのは、記述が限界に達し、思考や伝達内容が真とか偽とかで評価できないような地点なのである。そのため、神秘の経験を伝達することが成功しているかどうかは、真偽とは別の基準によって測られねばならない。ある種の芸術作品では、神秘的なものの伝達は崇高さを取り入れることで達成される。〔たとえば、文学作品の場合を考えてみると、〕もちろん、フィクション文学作品には真な言明も多く含まれている。ジョイスも〔『ユリシーズ』のなかで〕ダブリンのエクレス通り七番地にある〔主人公の家の〕玄関の手すりを正確に記述するのに多大な注意を払っていた。しかし、リオタールが述べているように、『ユリシーズ』の崇高さはジョイスが使った引喩によって生じている〔Lyotard 1994〕。それは、一連の正しい記述によって真理が表現されているということとはまったく違う。読者が『ユリシーズ』の崇高さを経験するためには、積み重なっていく語りえなさをじっくりと味わい、それを肯定的に評価しなければならない。音楽も同様に、聴き手が語りえなさに触れる感覚をもつことが、その音楽の美的な成功と密接に結びついている。作曲者がそれ〔聴き手に語りえなさの感覚をもたせること〕を目指しているということが聴き手にわかるだけでは、成功ではない。アルヴォ・ペルト〔エストニアのミニマリスト作曲家〕の音楽は、それを退屈で無味乾燥だと感じる人にとって崇高ではないのだ。彼の音楽は啓示を期待させるが、失望に終わる。崇高さを本当に伝達するには、崇高さの経験を与えることが必要なのである。次節では、この主張をもっと掘り下げて説明しよう。

以上の点をまとめると、典型的な崇高さの経験には、何か果てのないようなものの経験が不可欠だということになる。つまり、物事の仕組みや範囲を把握するために通常使われる能力が圧倒される経験が必要になるのだ。そうした経験はたいてい、知覚・認知システムを圧倒する何かを前にするときに生み出される。たとえば、気を散らせる人工的な光から離れた夜の荒野で、曇りのない夜空の星々を眺めるとき、畏敬の感覚が生じる。星の数の多さもその明るさも、この経験にとって非常に重要だ。こうした経験を、表象によって再現することもできる。たとえば、フィンセント・ファン・ゴッホの絵画《星月夜》（一八八九年）には同様の美的効果（そのため、同様の意味合い）がある。また、それより激しくないかたちで再現されたものとして、カスパー・ダーヴィト・フリードリヒの《月夜の北極海（*Northern Sea in the Moonlight*）》（一八二四年）がある。これら二つの絵画のスタイルは非常に異なっており、ファン・ゴッホの絵は私たちを圧倒するが、それとは対照的にフリードリヒの絵の構図はほとんど摑みどころがない。リオタールによれば、これら二つのまったく異なる芸術的アプローチは、どちらもカントによる崇高さの分析に影響を受けている。それらは「［天才という］概念をも拒む「あまりに過剰な」ものの具象的な美学と、形式を拒み「無に近い」ものの抽象的ないし最小限の美学」なのだ〔Lyotard 1995, p. 76〕。音楽で言えば、前者に当たるのはコルトレーンが一九六一年にヴィレッジ・ヴァンガードでエリック・ドルフィーと行なった演奏〔『ライヴ・アット・ザ・ヴィレッジ・ヴァンガード』収録〕で、後者に当たるのは映画『コヤニスカッツィ』につけられたフィリップ・グラスの曲だろう。

本節の議論をまとめよう。崇高さの経験とみなされる美的反応には、いくつかの種類がある。そのひとつは、概念を用いた理解を圧倒するような光景や出来事に対する肯定的な反応である。そこで知覚者が鑑賞しているのは、まさに、秩序の喪失と、それに伴う自己の感覚の喪失なのである。だからこそ、そうした経験で啓示的にみえるものの詳細の多くは、必然的に語りえないのだ。このように、音楽の崇高さは、音楽経験がもつ通常の語りえなさに、別の次元の語りえなさを付け加えている。したがって、崇高な音楽には、二つのタイプの語りえなさが現れていることになる。一方は、すべての音楽に典型的にみられる語りえなさだが、他方は、自己の感覚と自己の重要さの感覚を崩壊させる衝撃の語りえなさなのだ。

6 例示

音楽に関するショーペンハウアーの見解は、歴史的にみていくつかの点で重要である。彼は非西洋的な知見をヨーロッパの美学に持ち込み、音楽は語りえないものを啓示する「完全に普遍的な言語」であるという考えに哲学的な裏付けを与えた。とくに注目すべきなのは、ショーペンハウアーが普遍性と技巧の相容れなさを強調している点である。彼の哲学は、音楽は慣習や伝統に制約されていないときに最も力を発揮するという広く信じられた考えを擁護する。音楽による啓示は、いわば仲介者を必要としない。〔啓示を〕伝達するのは、作曲家ではなく音楽なのだ。言ってみれば、ベートーヴェンがピアノを弾いているのではなく、むしろピアノがベートーヴェンを弾かせているのである。神秘思想の探究者であるロック・ギタリストのロバート・フリップは、こうした見方によって、彼のグループ、キング・クリムゾンが辿ってきた行き当たりばったりの歴史に説明がつくと述べている。「音楽は、聴かれようとするあまり、思いもよらない人物を呼び出し、そこから声を得る」というのだ〔Tamm 1990, p. 14〕。同じ理念からジョン・ケージも、偶然に任せた手順を作曲技法として取り入れているし、奇しくも、音楽と作曲家に関する同様の考えはベートーヴェンを擁護するホフマンの主張にもみてとれる（それがショーペンハウアーに直接影響を与えたわけではなさそうだが）。ホフマンによれば、ハイドンとモーツァルトは自らの個人的な目的を達成する音楽を作る名人だったが、そのように作曲者の意図や訓練の結果として形づくられた音楽では、神秘を示す力が音楽的技巧の覆いに隠れて姿を消してしまう。他方でベートーヴェンの交響曲の場合、作曲家はもはや能動的な行為主体ではない。ホフマンは音楽が無限への扉を開くと述べている。作曲家ではなく音楽が「途方もなく広大で計り知れないものの領域に（……）我々を対峙させる」〔Hoffmann 1998〕のである（この論点はマーク・エヴァン・ボンズに負っている〔Bonds 2006〕）。

本節では、こうした偏見を批判的に検討する。その偏見とは、つまり、作曲家や演奏家が、超越的なものを通訳する主体として、スタイルや意識を用いて介入することをよしとしない見方である。これに対して私は、音楽に音楽外の重要な意義が分け与えられるためには、人による介入が不可欠だと主張する。崇高な音楽は人によって用いられてはじめて音楽外のものを指し示すことができるのであり、それゆえ、音楽で音楽外のものを指し示そうという意図をもった人によって提示されないかぎり、音楽は啓示的な機能をもちえないのだ。前節で述べたのは、崇高さの認識には知覚者と崇高な対象との関係に関する特有の判断が含まれるということだったが、以下では次のことを主張しよう。音楽外の実在がもつ語りえない崇高な側面を音楽が啓示する力は、芸術家の介入によって妨げられるどころか、むしろそれによって発揮されるようになる。そして、音楽がそうした啓示を実現する手段は「例示」である。

本書は一貫して、音楽は文化の一側面であると主張してきた。したがって、音楽に対するどんな反応も、ひどく表層的なものを除けば、言語に導かれているということになる。こうした立場をとる以上、音楽がもつ文化を超えた普遍的な力に音楽のスピリチュアリティが見出せると考えるわけにはいかない。むしろ私が主張したいのは、音楽が語りえないものを伝達する力は、音楽経験に文化的慣習・概念的思考・芸術家の介入が入り込んでも消失しない、という考えだ。キリスト教の新約聖書の「ヨハネの黙示録」がコイネー〔古代ギリシャの共通語〕で書かれ、コーランがアラビア語の特定の方言で書かれているように、それら〔が伝える啓示〕は慣習を基盤とした言語に織り込まれているが、そのこと自体は、スピリチュアルな啓示の力を与えも奪いもしない。同様に、コルトレーンの『至上の愛』にポストバップのフリージャズスタイルが発揮されているということ自体は、スピリチュアルな真理をもたらす力を与えも奪いもしない。むしろ、音楽的慣習があるからこそ、作曲家や演奏家は、聴き手に特定の美的反応を生じさせる音楽的要素を利用できていると言うべきである。崇高さ〔の経験〕はそうした反応のひとつなのだ。

ホフマンやショーペンハウアーをはじめ多くの人々が支持してきた伝統的な考えに反して、ベートーヴェンは交響曲第七番を作曲したとき、崇高な音楽を作ることを意図し**ていい**たと考えてみよう。また、アントン・ブルックナーの交響曲第八番のアダージョやコルトレーンのいくつかの即興も、崇高となることが目指され**ていい**たとしよう。なお、そうした意図は一人の個人がもつ創作意図でなくてもよい。コルトレーン・カルテットのメンバーが協力して《チェイシン・ザ・トレーン》の演奏を崇高なものにしたときのように、集団的意図もあるだろう。こうした作曲家の狙いによって音楽が崇高さをもつ場合、その音楽の特徴は、崇高さという一般的な美的性質を単に例化している〔その性質をもっている」だけではない。それは、崇高さという性質を例示する役割も果たし、神秘に至る道があることを実際の例となって示しているのだ。この議論に説得力をもたせるためには、何かを「例化」すること、何かを「表象」すること、何かを「例示」すること、をきちんと区別する必要がある。

毎度のことだが、視覚の例から始めよう。たとえば、緑色という性質は多くの事物に例化されている。熟したグラニースミス種の青リンゴ、グリーンベイ・パッカーズ〔アメリカンフットボールのチーム〕がホームゲームで着用するジャージ、カーミット〔『セサミストリート』に登場するカエルのマペット〕などだ。ここで、これらの緑のうちどれが最も暗い色合いであるかを判定しなければならないとしよう。さらに、グリーンベイのジャージが手元になく、それ特有の緑がカーミットの緑よりも暗いか明るいか思い出せないとする。そうした場合に、インターネットでそれぞれのカラー写真を探すという状況を考えてほしい。このとき、それらの写真は問題の三つの対象を表象している。表象としての写真が果たす役割は、写真の外の事物〔写真自体ではなく被写体〕に目を向けさせ、それに関する限られた情報を与えることである。ここで、写真上の緑の色合いが表象されている対象〔被写体〕の実際の色合いと大体同じだと信じるなら、カーミットの緑はジャージの緑より明るいと判定できるだろう。このように表象に基づいた判定方法がうまくいく場合もあるが、他方で、表象が誤った情報をもたらしたり、必要な情報を欠いていたりすることも多い。視覚的表象が表象されている対象の実際の色を示していないというのはよくあることだ。たとえば、グリーンベイのジャージを着たカーミットをチョークとパステルで描いたデッサンを見つけたとしよう。しかし、そのデッサンは、ジェイムズ・マクニール・ホイッスラーの絵画《ノクターン、サン・ジョルジョ》（一八八〇年）と同じ色彩

〔橙色や茶色〕で描かれている。この場合、当のデッサンに使われた橙色と茶色の顔料はカーミットとジャージの両方を表象しているが、緑色が使われていないため、このデッサンからカーミットとジャージのどちらがより暗い緑であるかの手がかりを得ることはできない。これは馬鹿げた例かもしれないが、ここから、表象によって示されている対象がその表象とまったく同じ性質をもつと考えるのは素朴すぎることがわかるだろう。緑の事物のデッサンが緑色で描かれていない場合のように、表象では〔表象されている対象の〕実際の性質が削ぎ落とされていることがあるのだ。それだけでなく、表象には〔表象されている〕事物が実際にはもたないさまざまな性質が付け加えられていることも多い。たとえば、ポール・リビアによるボストン虐殺事件の版画では、剣を掲げるトーマス・プレストン大尉が明らかに示されており、プレストンが非武装の市民に向けて発砲するよう部隊に命じていることが表象されているが、実際のところプレストンはそんな命令を下してはいない。またアンリ・マティスは、表現上の目的から、一九〇五年の妻の肖像画〔《緑の筋のあるマティス夫人の肖像》〕で夫人の顔に緑の線を走らせている。

　表象芸術がもつ美的性質はどうだろうか。いまの話と同様、表象の美的性質が表象されている対象の美的性質と合致する場合もあれば、しない場合もある。たとえば、伝統的な西洋思想では長いあいだ、芸術が自然を美化する力をもつ点で称賛されてきた。芸術に初めて哲学的と呼んで申し分ない定義を与えたのは一七四六年のシャルル・バトゥーだが、それによると、「芸術／美術《ボザール》」は自然を美しく模倣する人間の産物である〔Batteux 1989〕。つまり、表象されている対象の実際のあり方がどうであれ、芸術家はそれを美化すべきということだ。そのため、この伝統に従って描かれた絵画は、描かれた対象に実際に備わる美しさの程度を正しく伝えているとは限らない。雑に言ってしまえば、〔表象芸術を鑑賞するとき〕美しさという美的性質は、芸術的〔創作〕過程のどこかで付け加えられたかもしれないと理解しておくのが慎重な態度だろう。現代の例で言えば、広告用の写真では女性の体型をより魅力的に見せるためにデジタル加工が施されることがある。さらに、こうした問題は美しさ以外の性質でも起こる。映画制作で「代役」を使う場面を考えよう。『フラッシュダンス』(一九八三年)の登場人物であるアレックスが踊るシーンのクロース・ショットの多くで実際に映されているのは、主演女優のジェニファー・ビールスではない。アレックスのダンスは二人の女性のダンスが編集でつなげられたものであり、それによってビールス本人には生み出しえなかった美的性質が現れている。〔振り返ってみると〕広い意味では、ショーペンハウアーにも一理あるように思われる。つまり、音楽による表象がまったく信頼できないのは確かである。だが幸い、芸術家と作曲家が何かを表すために使える方法は表象だけではない。ネルソン・グッドマンが労力をかけて気づかせてくれたように、例示という方法もある〔Goodman 1985〕。例示とは、ある性質ないし一群の性質を例化している対象を、その性質ないし性質群のサンプルとして意図的に提示することである。

例示は芸術以外の領域でも使われる。たとえば、部屋の床一面を覆うカーペットを新しく購入しようと思い、床材店に行ってカーペットのサンプルを見るとしよう。それらのサンプルは、倉庫に保管されている大きなカーペットと重要な性質を共有している。そのためサンプルをじっくり見れば、表象では十分に伝わらない性質を直に経験することができるだろう。そのサンプルは、売り物になっているカーペットがもつ性質を例示しているのだ。しかし、サンプルがもつ性質のすべてが〔問題となる対象の性質として〕例示されているわけではない。たとえば、ショールームで見ているサンプルを裏返すと、「動かさないでください。ジョーンズ・ブラザーズ床材店備品」と書かれたラベルが見つかるかもしれない。このとき、サンプルにこのラベルが貼られているからといって、購入されるどのカーペットも、このショールームの備品としてそこに置かれ続けねばならないと考えたりはしないだろう。あらゆる例示に言えることだが、〔サンプルとは何かを知っている〕適格な使用者に対してサンプルが指し示す性質は、そのサンプルがもつすべての性質ではなく、一部だけである。例示される性質とそうでない性質の違いをもたらしているのは、サンプルを〔サンプルとして〕使おうという意図である。つまり、例示がうまくいくためには、つねに、共有された目的の理解が必要なのである。

以上の例示の説明から言えるのは、芸術作品は特定の美的性質を例示するために使われ、それによってその作品以外のものがもつ美的性質を示すことができるということだ。この示すという能力は、ショーペンハウアーの懸念に反して、音楽文化の介入によって損なわれるものではない。音楽による例示は、音楽が普遍的な言語であることで実現されるわけではないのだ。文化による導きなしには、何かを例示的に表すことなどできないだろう。たとえば、サン・ピエトロ大聖堂の崇高さは、〔天上にいる〕神と〔地上に存在する施設である〕大聖堂の崇高さを例示する目的で作られている。同様に、ブルックナーの交響曲第八番のアダージョやコルトレーンによる即興のいくつかは、共有された音楽的期待を利用することによって、知識のある聴き手に崇高な経験を生じさせている。ブルックナーやコルトレーンがそうした〔聴き手に崇高な経験を生じさせるという〕目的をもって音楽を作っていたと解釈するなら、彼らの音楽は音楽の外にある実在との関係を例示することに成功していると言える。

反対に、もしこの解釈が間違っていて、ブルックナーやコルトレーンはそんなことを意図せずに崇高さという特徴が際立つ音楽を作ったという場合には、彼らの音楽は崇高さをもってはいても崇高さを例示してはいないということになる。

作曲家は、崇高な音楽を経験する機会を聴き手に与えることで、そこに例示された音楽外の崇高さを、言葉で述べるのではなく示す。彼らは、語りえないような仕方で啓示的な力と関わる経験を示しているのだ。

だが、マイケル・ミティアスはこうした例示に着目した理論に二つの反論を向けている〔Mitias 1994〕。第一の反論は、芸術作品は文字通りの意味で崇高さをもつわけではないので、崇高さを例示できないというものだ。第二の反論は、芸術に対する美的反応はつねに当の芸術作品の特殊性によって固有の色合いをもつため、芸術作品は他のものがもつ性質と同じ性質を正確に例示しているのかどうか信頼できない、というものである。この反論をブルックナーとコルトレーンの例に当てはめると次のようになる。〔第一に〕そもそも音楽は崇高ではないので、崇高さを例示することもない。〔第二に〕ブルックナーの音楽とコルトレーンの音楽が聴き手に崇高さの経験を引き起こすとしても、両者は非常に異なる仕方で聴き手の経験を形づくるだろう。個々の聴き手が音楽を聴く状況の違いに応じて主観的反応が異なるというだけでなく、音楽独自の特徴のために、音楽の経験は音楽以外で啓示的とみなされる経験と同じにならないのだ。

しかし、この反論は説得的でない。確かに、厳密に言えば美的性質は心的反応の側面であるので、そこからすると、音楽は文字通りには崇高でも美しくもないと言えるかもしれない。だが、この点を認めることは、緑色や茶色という視覚的性質は人間の主観的な反応であるので緑色のカーペットのサンプルは文字通りには緑色でも茶色でもないと言うのと同じく、私の立場に影響しない。色経験が主観的であるからといって、それらがすべて無意味になるわけではないのだ。〔見えている色は対象の性質ではないといった〕反論を行おうと思ったら、経験の個別事例を取り上げ、その経験が外部からの刺激と結びついているのかどうかを詳細に検討する必要があるだろう。前述のように、同じことが語りえなさの経験や自己を失う経験の重要性についても言える。崇高な音楽は、聴き手がそれを音楽外の実在に備わる神秘的な側面の「サンプル」だと受け取るような文脈でつくられるが、その実践を通して例示されているのは、厳密に言えば経験である。〔音楽を聴くことによって得られる崇高さの経験が、より一般的な崇高さの経験を例示している。〕だが、〔崇高さの経験でも個別事例を検討すべきであり、そのため〕『マイ・フェア・レディ』（一九六四年）に出てくる歌《スペインの雨》〔はおおよそ崇高には聴こえないものなので、それ〕を崇高だと思う人の音楽能力には疑念を抱くべきだ。他方で、ロマン派音楽の知識をもっていてブルックナーのアダージョを崇高だと言う人に疑念を抱くべきではないのだ。

第二の反論もうまくいかない。サンプルは、別のものと共有された性質をもつことによってサンプルの役割を果たす。ミティアスの反論が音楽に関する私の立場を脅かすためには、例示は決して成功しないということを示さねばならないだろう。そこで議論上の仮定として、ローマ・カトリック教義が唯一正しい教義であるとしよう。そして、この教義を信じる誰も、サン・ピエトロ大聖堂から与えられる崇高な経験と、最後の審判で神がみせる崇高さが同一だと思っていないとしたらどうだろうか。別に何の問題もない。カーペット店にある数インチ四方のカーペット片の各々も、ある意味ではそれぞれ固有の色合いをもつが、だからといってカーペット業者が客にそれらをサンプルとして示すことができなくなるわけではない。サンプルの役目は、サンプル以上のもの〔本物〕を経験することが非現実的であったり不可能であったりする状況で、特定の性質に焦点を合わせた限定的な経験を提供することである。それゆえ原理的に言って、崇高な音楽の経験が、ウィトゲンシュタインが「神秘」と一括りにした領域の真正のサンプルになりえないと考える理由はない。人によっては、崇高な音楽の経験を神の経験と解釈したり、普遍的意志の経験と解釈したり、また別の何かと解釈したりするかもしれないが、そうした解釈はその経験にもとから備わっているものではないのだ。

最後に強調しておくが、以上の見解は、音楽の崇高さに関わる語りえないものの伝達に限定されている。私が主張してきたのは次のことだ。音楽のなかには崇高な経験を与えるものがある。そうした崇高な経験は、ある種の語りえない経験に対する肯定的な評価を本質的に含んでおり、そこでは、平凡な意味での音楽の語りえなさがいっそう強化されているとともに、何らかの啓示（典型的には人間の取るに足らなさに気づかせる啓示）がもたらされている。崇高さの例示が奨励される伝統（たとえばロマン主義時代以降のヨーロッパの伝統）のなかで音楽が崇高な経験をもたらすとき、その音楽は、音楽外のものを表象とは異なる仕方で指し示しているのだ。このように、例示によって、さまざまなスタイルの音楽が（クラシック音楽、ジャズ、さらにはポピュラー音楽でも）崇高なものの経験を引き起こすために用いられうる。そうした経験は、語りえない仕方で神秘に触れるという人間のより普遍的な能力を例示し、それによって、その能力をいっそう強固にするのである。音楽は神秘を啓示する力をもつという主張には一定の眼目があるのだ。

訳者あとがき

本書は、Theodore Gracyk, *On Music* (Routledge, 2013) の全訳である。著者のセオドア・グレイシックは、ミネソタ州立大学ムーアヘッド校の哲学部学長・教授であり、現代の英米系の美学の第一線で活躍する研究者である。また現在は、*The Journal of Aesthetics and Art Criticism* の共同編集長、*British Journal of Aesthetics* の編集委員を務めており、美学の世界的トップジャーナルの運営に携わっている。彼の主な専門は音楽美学、芸術の哲学、現代哲学史で、これらのテーマに関して一〇〇近くの業績（単著、共著、編著、論文、エッセイ）がある。

本書以外の単著には次のものがある。

- *The Philosophy of Art: An Introduction*, Polity, 2011.
- *Listening to Popular Music: Or, How I Learned to Stop Worrying and Love Led Zeppelin*, The University of Michigan Press, 2007.
- *I Wanna Be Me: Rock Music and the Politics of Identity*, Temple University Press, 2001.
- *Rhythm and Noise: An Aesthetics of Rock*, Duke University Press, 1996.

また、共編著には次のものがある。

• *Jazz and the Philosophy of Art* (co-authors: Lee B. Brown and David Goldblatt), Routledge, 2018.
• *The Routledge Companion to Philosophy and Music* (co-edited with Andrew Kania), Routledge, 2011.
• *Aesthetics Today: A Reader* (co-edited with Robert Stecker), Rowman & Littlefield, 2010.

音楽の哲学や美学の著作ではクラシック音楽や現代音楽を例とした考察がなされることが多いが、グレイシック教授はポピュラーミュージックの研究も行なっており、音楽全般にかなり造詣が深い。そのため本書でも、ベートーヴェンやハイドンといったクラシック音楽の大家だけでなく、ビートルズ、レッド・ツェッペリン、キング・クリムゾンといったロックバンド、マイルス・デイヴィスやジャコ・パストリアスなどのジャズミュージシャン、さらには、ラヴィ・シャンカルのインド音楽やパプアニューギニアの民俗音楽も登場する。こうした多様な例からは、本書の考察（および彼の研究）が特定のジャンルに偏ったものではなく、音楽一般に当てはまる非常に射程の広いものであることがわかるだろう。さらに本書は、先に挙げたミュージシャンに関する雑学も豊富に書かれているので、さまざまな音楽の趣味をもつ多様な読者が最後まで面白く読めるものとなっている。

本書の特徴をもう少し詳しく説明しておこう。本書は、ラウトレッジ社が刊行しているThe Thinking in Actionという哲学書シリーズの一冊である。このシリーズの趣旨は、各分野のトップクラスの研究者が一般読者に向けて、現代の研究動向・トピックを解説するというものである。（同シリーズでは、ジジェク『信じるということ』産業図書［二〇〇三年］、ドレイファス『インターネットについて』産業図書［二〇〇二年］、キャロル『批評について』勁草書房［二〇一七年］、が翻訳されている）。そのため同シリーズの一冊である本書も、音楽の哲学および芸術の哲学の入門書という性格をもっている。本書で扱われるトピックは、音楽と音楽でないものの違い（第1章）、音楽鑑賞に必要な知識（第2章）、音楽と情動（第3章）、音楽経験がもたらすスピリチュアリティ（第4章）の四つだ。これらは、音楽や芸術に関する哲学・美学で古くから議論されてきた重要な問題でありつつも、音楽に関心がある人なら誰でも一度は気になったことがありそうな身近なものとなっている。

前述のとおり本書は入門書であるので、難解な著述は登場せず、丁寧かつ明晰な議論が展開されている。また、本書を読むために、哲学や美学、音楽学や音楽批評についての詳しい知識は必要とされていない。音楽の哲学に関する著作は、アドルノをはじめ国内でもすでにいくつか翻訳されているが、どれも大著であり、初学者がいきなり読むのは難しい。それと比べると本書は、音楽の哲学を知りたいと思った人が初めて読む本として最もふさわしいと言えるだろう。

また本書は、「音楽の哲学」の入門書であるだけでなく、音楽を題材とした「哲学」の入門書として読むこともできる。本書には、カントやウィトゲンシュタイン、ショーペンハウアーといった過去の偉大な哲学者の見解がたびたび登場し、さらに、知覚、知識、情動、表出、表象に関する現代哲学の考えも参照される。本書を読めばそれらのトピックに関する知識が得られるし、また、こうした多様な考えを用いて精緻に議論を組み立てていく様子は、哲学的考察を行なうためのお手本となるだろう。

だが、音楽に関してすでに一定の知識をもっている人は、本書に多少の違和感を覚えるかもしれない。たとえば、音楽を考察しているにもかかわらず、本書に楽譜がまったく載せられていない点が気にかかるだろう。むしろ本書では、序文でも述べられているように、音楽に関する言葉や意味、概念や記述の分析に重点が置かれている。言葉の使い方や概念の分析を通して物事にアプローチする手法は、英語圏の哲学（いわゆる「分析哲学」）で主にとられており、本書もそうしたスタイルで書かれている。

こうした手法に対し、音楽を理解するうえで言語や概念の話が役に立つのか？　という疑問が浮かぶかもしれない。言葉についてとやかく言うより、音楽そのものや聴取経験そのものを分析しなければ音楽は理解できないのではないか、と思われるかもしれない。そうした人には、ぜひ第2章を読んでいただきたい。そこでは、一定の言語や概念を獲得しなければ音楽を十分に理解することも不可能だという議論が展開されている。

とはいえ、本書は言葉や概念の分析に終始しているわけではない。言葉や概念を明確にして不要な混乱を取り除く作業は、あくまでも、哲学的考察を行なううえで当然必要な第一歩にすぎないのである。本書の議論はそこから進んで、音楽経験に関連する知覚や情動、美的性質そのものも取り上げられる。さらに第4章では、言葉では「語りえない」崇高な音楽も考察の対象となる。だが、語りえないものについて考察するためには、まず、語りうる部分を可能な限り明確にしておいた方が良いだろう。本書のスタイルに馴染みがない読者は、ひとまずそのくらいの姿勢で議論に付き合っていただきたい。

それでも、詳しい音楽知識をもつ読者のなかには、自分がこれまで慣れ親しんできた手法と本書のアプローチがあまりにも違い、納得できない部分が多数出てくるかもしれない。だが、納得できるかどうかとは別として、非常に異なった仕方で音楽を考察する手法があると知っておくことは損ではないだろうし、本書の方針と自身の手法を対比させれば、音楽についての考えをより深めることができるだろう。そうした点で本書は、音楽に詳しい人にも勧められるものとなっている。

次に、翻訳作業の事情を説明しておこう。本書は二名による共訳であり、序文、第1章、第3章は源河が、第2章、第4章は木下が担当し、相互チェックを何度か行なったうえで訳出した。また、原著のタイトル *On Music* を直訳すると「音楽について」になるが、それだと入門書という本書の性格が伝わらないため、グレイシック教授に許可を得たうえで、邦題は「音楽の哲学入門」とした。実のところ、本書に何度か登場するピーター・キヴィーの著作には、直訳すると「音楽の哲学入門」になるものがある（Kivy, P. *Introduction to a Philosophy of Music*, Oxford University Press, 2002）。もし今後その著作を訳そうとする人がいたら、タイトルを先に取ってしまったことを謝っておきたい。ついでに言えば、その著作も非常に良いものであり、本書で扱われていないトピックも多数登場するため、本書から進んで英語で書かれた音楽の哲学の著作を読みたいと思った人には、そちらをお勧めしたい。

最後に謝辞を述べたい。まず、原著者であるグレイシック教授には、翻訳に関する質問に迅速かつ非常に丁寧にお答えいただいた。また、出来上がった訳文の正しさや読みやすさに関しては、岩切啓人、小出咲、田邉健太郎、松永伸司、森功次の各氏にチェックしていただいた。このように翻訳にあたって多くの人にご助力いただいたが、本書に不備が残っているとしたら、そのすべての責任は訳者の二人にある。また、担当していただいた慶應義塾大学出版会の村上文さんに感謝します。

音楽の哲学入門

2019年3月15日　初版第1刷発行
2022年9月15日　初版第4刷発行

著　者――――セオドア・グレイシック
訳　者――――源河 亨・木下頌子
発行者――――依田俊之
発行所――――慶應義塾大学出版会株式会社
〒108-8346　東京都港区三田2-19-30
TEL〔編集部〕03-3451-0931
〔営業部〕03-3451-3584〈ご注文〉
〔　〃　〕03-3451-6926
FAX〔営業部〕03-3451-3122
振替　00190-8-155497
https://www.keio-up.co.jp/
装　丁――――服部一成
印刷・製本――中央精版印刷株式会社
カバー印刷――株式会社太平印刷社

Printed in Japan ISBN978-4-7664-2588-8

著者

セオドア・グレイシック（Theodore Gracyk）

1984年にカリフォルニア大学デービス校で哲学の博士号を取得。1986年よりミネソタ州立大学ムーアヘッド校の哲学部・助教授、1991年より同校の准教授を経て、1997年から同校の教授。2013年より *The Journal of Aesthetics and Art Criticism* の共同編集長、2014年より *British Journal of Aesthetics* の編集委員を務める。主な専門は音楽美学、芸術哲学、近代哲学史。単著は本書の他に、*Rhythm and Noise* (Duke University Press, 1996)、*I Wanna Be Me* (Temple University Press, 2001)、*Listening to Popular Music* (The University of Michigan Press, 2007)、*The Philosophy of Art* (Polity, 2011)。

訳者

源河 亨（げんか とおる）

2016年に慶應義塾大学にて博士（哲学）を取得。現在は、日本学術振興会特別研究員PD（東京大学）、慶應義塾大学および日本大学芸術学部非常勤講師。専門は心の哲学、美学。著作に『知覚と判断の境界線――「知覚の哲学」基本と応用』（慶應義塾大学出版会、2017年）。訳書にジェシー・プリンツ『はらわたが煮えくりかえる――情動の身体知覚説』（勁草書房、2016年）ほか。論文に「音楽は悲しみをもたらすか――キヴィーの音楽情動について」（『美学』251号、美学会、2017年）ほか。

木下 頌子（きのした しょうこ）

桐朋学園大学音楽学部卒。2018年に慶應義塾大学文学研究科博士課程を単位取得退学し、現在は同大学通信教育部非常勤講師。専門は言語哲学、哲学方法論。論文に、「デイヴィドソンの三角測量的外在主義に基づく反懐疑論的論証について」（『哲學』第133号、三田哲学会、2014年）ほか。

人名索引

ア行

アウグスティヌス　Augustine　147

アドルノ，テオドール　Adorno, Theodor　52, 183

アリストテレス　Aristotle　9, 77

アルバート王子　Albert, Prince　103

イブン・トファイル　al-Tufail, Abu Bakr ibn　143

ヴィヴァルディ，アントニオ　Vivaldi, Antonio　153

ヴィクトリア女王　Victoria, Queen of England　103

ウィトゲンシュタイン，ルートヴィヒ　Wittgenstein, Ludwig　7–8, 59, 70–71, 77–78, 143–144, 168, 180, 183

ウィリアムズ，ジョン　Williams, John　110, 161, 166

ウィルソン，テディ　Wilson, Theodore ("Teddy")　137–138

ウェナー，ヤーン　Wenner, Jann　50

ウォルトン，ケンダル　Walton, Kendall L.　84

ウルト，キーネ　Wurth, Kiene B.　144

ウルフ，ロバート・ポール　Wolff, Robert Paul　65–66

エステルハージ公子　Esterhazy, Nicolaus I (Prince)　32, 34, 53

オデュッセウス　Odysseus　139

オノ・ヨーコ　Ono Yoko　37

カ行

ガスリー，ウディ　Guthrie, Woodrow ("Woody")　110–111, 142

カーター・ファミリー　Carter family　161

カーター，メイベル　Carter, Maybelle　161

カニア，アンドリュー　Kania, Andrew　8, 10, 37, 182

カリー，グレゴリー　Currie, Gregory　48

カーン，アリ・アクバル　Khan, Ali Akbar　69, 76, 79

ガンディー , マハトマ　Ghandi, Mahatma　41

カント，イマヌエル　Kant, Immanuel　39, 41–42, 44–47, 148, 157, 170, 183

キヴィー，ピーター　Kivy, Peter　9, 156, 166, 185

キーツ，ジョン　Keats, John　13, 36, 95, 168

キャッシュ，ジョニー　Cash, John R. ("Johnny")　89

キング・クリムゾン　King Crimson　122, 124, 171, 182

グイード・ダレッツォ　Guido of Arezzo　18

グッドマン , ネルソン　Goodman, Nelson　176

クブラー，ジョージ　Kubler, George　40–41

クマール，ラジ　Kumar, Raj　132

グラス，フィリップ　Glass, Philip　41, 170

クラプトン，エリック　Clapton, Eric　26

グリンカ，ミハイル　Glinka, Mikhail　67, 81, 87–89

グールド，グレン　Gould, Glenn　21
クルーニー，ジョージ　Clooney, George　87
グレイトフル・デッド　Grateful Dead　50, 150, 168
グレツキ，ヘンリク　Gorecki, Henyrk　62, 97
グレニー，エヴェリン　Glennie, Evelyn　24
クロウサー，ポール　Crowther, Paul　51–52
ケージ，ジョン　Cage, John　37, 171
孔子　Confucius　121
コーエン兄弟　Coen, Ethan/Coen, Joel　87
ゴッホ，フィンセント・ファン　Van Gogh, Vincent　170
コーニグズウォーター，パノニカ・ドゥ　de Koenigswarter, Pannonica　137–138, 144, 168
ゴルディ，ピーター　Goldie, Peter　99
コルトレーン，ジョン　Coltrane, John　154, 159, 170, 173, 177–178
コルンゴルト，エーリヒ・ヴォルフガング　Korngold, Erich Wolfgang　166

サ行

サウル（王）　Saul, King　139
サックス，オリヴァー　Sacks, Oliver　59
ザッパ，フランク　Zappa, Frank　62–63, 67
サティ，エリック　Satie, Erik　84–85, 89, 94
サム & デイヴ　Sam and Dave　35–36
ジヴォン，ウォーレン　Zevon, Warren　165
シェイクスピア，ウィリアム　Shakespeare, William　22–23, 58
ジェイムズ，ウィリアム　James, William　140
シエナの聖カタリナ　Catherine of Siena　143
ジェル，アルフレッド　Gell, Alfred　30
シェーンベルク，アルノルト　Schoenberg, Arnold　151
シブリン，エリック　Siblin, Eric　91–92
シャッグス　The Shaggs　161
シャブリエ，アレクシ＝エマニュエル　Chabrier, Alexis-Emmanuel　87–88
シャンカル，ラヴィ　Shankar, Ravi　69, 76, 79, 131, 133–134, 141, 182
シュタイナー，ルドルフ　Steiner, Rudolf　151
ジョイア，テッド　Gioia, Ted　129
ジョイス，ジェイムズ　Joyce, James　144, 169
ショスタコーヴィチ，ドミートリイ　Shostakovich, Dmitri　43, 85, 150, 155, 165, 168
ショパン，フレデリック　Chopin, Frederic　58, 85
ジョプリン，スコット　Joplin, Scott　140, 150
ショーペンハウアー，アルトゥル　Schopenhauer, Arthur　11, 55–56, 150–156, 171–173, 176–177, 183
シラー，フリードリヒ・フォン　Schiller, Friedrich von　148
スタージェス，プレストン　Sturges, Preston　87
スターリン，ヨシフ　Stalin, Joseph　43
スチュワート，ロッド　Stewart, Roderick ("Rod")　17–18, 21
スーラ，ジョルジュ　Seurat, Georges　14

ソクラテス　Socrates　15, 74
ソロモン，ロバート　Solomon, Robert C.　77, 164

タ行

ダットン，デニス　Dutton, Denis　10, 29
ターナー，J・M・W　Turner, J. M. W.　156
タラスキン，リチャード　Taruskin, Richard　34
デイヴィス，スティーヴン　Davies, Stephen　9–10, 72, 82–83, 119, 124, 145–146
デイヴィス，マイルス　Davis, Miles　13, 35–36, 124, 182
ディオン，セリーヌ　Dion, Celine　62
ディサナヤケ，エレン　Dissanayake, Ellen　29
ディズニー，ウォルト　Disney, Walter　60
テイラー，ディームズ　Taylor, Deems　61
ディラン，ボブ　Dylan, Bob　130
デリダ，ジャック　Derrida, Jacques　137
トウェイン，マーク（サミュエル・クレメンズ）　Twain, Mark (Samuel Clemens)　57
ドビュッシー，クロード　Debussy, Claude　84
トーミー，アラン　Tormey, Alan　107
ドラマン，ジャック　Delamain, Jacques　96–97, 106
ドルフィー，エリック　Dolphy, Eric　170
ドレイク，ニック　Drake, Nick　161
ドレイファス，ヒューバート・L　Dreyfus, Hubert L.　39, 182

ナ行

ナーラダ　Narada　139
ナイ，ウィリアム　Nye, William　57
ニーチェ，フリードリヒ　Nietzsche, Friedrich　7
ニール，アレックス　Neill, Alex　10, 42, 44, 155

ハ行

ハイドン，ヨーゼフ　Haydn, Joseph　32–33, 36, 38, 52–53, 88, 142, 153, 172, 182
ハイネ，ハインリヒ　Heine, Heinrich　95,
パウエル，バド　Powell, Earl “Bud”　35
パーカー，チャーリー　Parker, Charles Jr. (“Charlie”)　35–36, 43, 48
バーク，エドマンド　Burke, Edmund　150
バーザン，ジャック　Barzun, Jacques　63
パストリアス，ジャコ　Pastorius, Jaco　34–35, 38, 52–53, 63–64, 133–134, 182
バッド，マルコム　Budd, Malcolm　10, 167–168
バッハ，ヨハン・ゼバスティアン　Bach, Johann Sebastian　21, 32, 36, 40, 44, 48, 56–58, 60–62, 64–65, 76, 84, 91–92
ハーディ，トマス　Hardy, Thomas　111–112
ハート，ジョン・ミシシッピ　Hurt, “Mississippi” John　153
バード，ウィリアム　Byrd, William　88
バトゥー，シャルル　Batteux, Charles

175
バニスター，ロジャー　Bannister, Roger
75
ハネ　Hane　128–130, 133
ハリスン，ジョージ　Harrison, George
19, 51, 68
ハンスリック，エドゥアルト　Hanslick, Eduard　38–40, 42–44, 48–49, 52, 127, 155
ピアソン，ヘンリー　Pearson, Henry　55
ヒギンズ，キャスリーン　Higgins, Kathleen　9, 94
ピタゴラス　Pythagoras　24–26, 38
ビートルズ　The Beatles　36, 50–52, 62, 68, 90, 128, 182
ヒューム，デイヴィッド　Hume, David
163–164
ビールス，ジェニファー　Beals, Jennifer
176
ファーガソン，ロバート　Fergusson, Robert　113, 122
ファン＝デル＝マーヴェ，ピーター　Van der Merwe, Peter　25, 86, 88
ファンタン＝ラトゥール，アンリ　Fantin-Latour, Henri　27
フェルド，スティーヴン　Feld, Steven
109, 117, 128
フェルドマン，モートン　Feldman, Morton　150
フェルメール，ヨハネス　Vermeer, Johannes　76
ブッカー，ジェイムズ　Booker, James
85, 94
プラトン　Plato　9, 18, 121
ブラームス，ヨハネス　Brahms, Johannes
38, 127
フリップ，ロバート　Fripp, Robert　171
フリードリヒ，カスパー・ダーヴィト　Friedrich, Caspar David　156, 170
プリンツ，ジェシー　Prinz, Jesse J.
98–100
ブルックナー，アントン　Bruckner, Anton　173, 177–179
プレストン，トーマス　Preston, Thomas
175
ヘシオドス　Hesiod　17
ベートーヴェン，ルートヴィヒ・ヴァン　Beethoven, Ludwig van　38, 52, 60–62, 67, 72–73, 75, 91–93, 115–116, 120, 148–149, 154, 159, 166, 171–173, 182
ベナモウ，マーク　Benamou, Marc　29
ペライア，マレイ　Perahia, Murray　21
ベル，クライヴ　Bell, Clive　56, 90
ペルト，アルヴォ　Pärt, Arvo　169
ベルリオーズ，エクトル　Berlioz, Hector
63
ヘンデル，ゲオルク・フリードリヒ　Handel, George Freidrich　41, 142
ヘンドリクス，ジミー　Hendrix, James ("Jimi")　153
ホイッスラー，ジェームズ・マクニール　Whistler, James McNeill　174
ボエティウス　Boethins, Anicius Manlius Severinus　25
ホフマン，E・T・A　Hoffmann, E.T.A.
148–149, 171–173
ホロックス，エイミー・エルシー　Horrocks, Amy Elsie　165
ボンズ，マーク・エヴァン　Bonds, Mark Evan　44, 48, 172

マ行

マ，ヨーヨー　Ma, Yo-Yo　63, 65
マクフィー，グレアム　McFee, Graham

93
マザーシル，メアリー　Mothersill, Mary 157
マティス，アンリ　Matisse, Henri　175
マッカートニー，ポール　McCartney, Paul　51–53
ミケランジェロ　Michelangelo　132
ミッチェル，ジョニ　Mitchell, Joni　134
ミティアス，マイケル　Mitias, Michael 178–179
ミンガス，チャールズ　Mingus, Charles 129–130
メシアン，オリヴィエ　Messiaen, Olivier 14, 96, 141–142
メルセンヌ，マラン　Mersenne, Marin 26
モーセ　Moses　158
モーツァルト，ヴォルフガング・アマデウス　Mozart, Wolfgang Amadeus 38, 84, 124, 126, 141, 172
モンク，セロニアス　Monk, Thelonious 137–138, 144, 146

ヤ・ラ行

ヤング，レスター　Young, Lester　129
ラーキン，フィリップ　Larkin, Philip 130
ラスキー，マーガニータ　Laski, Marghanita　157
ラモー，ジャン＝フィリップ　Rameau, Jean-Philippe　19
ラモーンズ　Ramones　84
リエザウ，ケント　Lietzau, Kent　140, 150
リオタール，ジャン＝フランソワ Lyotard, Jean-François　144, 169–170
リスト，フランツ　Liszt, Franz　151
リドリー，アーロン　Ridley, Aaron　42, 44
リビア，ポール　Revere, Paul　175
リン，ヴェラ　Lynn, Vera　17, 21
リンカーン，エイブラハム　Lincoln, Abraham　55–56
リンド，ジェニー　Lind, Johanna Maria ("Jenny")　17
ルーズベルト，フランクリン・デラノ Roosevelt, Franklin Delano　111
ルソー，ジャン＝ジャック　Rousseau, Jean-Jacques　56
レヴィティン，ダニエル　Levitin, Daniel J.　49
レヴィンソン，ジェロルド　Levinson, Jerrold　81
レッド・ツェッペリン　Led Zeppelin 124, 126, 182
レノン，ジョン　Lennon, John　50–52
レブレヒト，ノーマン　Lebrecht, Norman　62
ロスコ，マーク　Rothko, Mark　55, 162
ロストロポーヴィチ，ムスティスラフ Rostropovich, Mstislav　32, 63
ローゼンバーグ，デイヴィッド Rothenberg, David　96, 120
ロッシーニ，ジョアキーノ　Rossini, Gioachino　137, 153
ロビンソン，ジェネファー　Robinson, Jenefer　10, 130

ワ行

ワーグナー，リヒャルト　Wagner, Richard　38–41, 44, 57, 61, 72–73, 161, 166
ワーズワース，ウィリアム　Wordsworth, William　115, 130

事項索引

サ行

タ行

マ行

ヤ行

ラ・ワ行

参考文献

Adorno, Theodor, *Essays on Music,* ed. R. Leppert, Berkeley, trans. Susan H. Gillespie, University of California Press, 2002.

——, *Aesthetic Theory,* ed. G. Adorno and R. Tiedemann, trans. Robert Hullot-Kentor, Minneapolis, University of Minnesota Press, 1997.〔テオドール・アドルノ『美の理論』大久保健治訳、河出書房新社、1985年、新装完全版2007年。〕

Alperson, Philip, "Schopenhauer and Musical Revelation," *Journal of Aesthetics and Art Criticism,* 40, 1981, pp. 155–166.

Augustine, *Enarrationes in Psalmos,* Vol. 1, eds Eligius Dekkers and John Fraipont, Turnhout, Brepols, 1956.〔アウグスティヌス『アウグスティヌス著作集　第18巻　1　詩編注解1』今義博・堺正憲・大島春子・菊地伸二訳、教文館、1997年。〕

Barzun, Jacques, "Is Music Unspeakable?" *The American Scholar,* 65, 1996, pp. 193–202.

Batteux, Charles, *Les Beaux-arts réduits à un même principe,* Vol. 2 of *Collection Théorie et critique à l'âge classique,* ed. Jean-Remy Mantion, Paris, Aux Amateurs de Livres, 1989.〔シャルル・バトゥー『芸術論』山県熙訳、玉川大学出版部、1984年。〕

Beethoven, Ludwig van, *Beethoven im eigenen Wort,* ed. Friedrich Kerst, Berlin, Schuster & Loeffler, 1904.

Bell, Clive, *Art,* London, Chatto & Windus, 1914.

Beamou, Marc, *Rasa: Affect and Intuition in Javanese Musical Aesthetics* (AMS Studies in Music), New York, Oxford University Press, 2010.

Bicknell, Jeanette, *Why Music Moves Us,* New York, Palgrave Macmillan, 2009.

Boethius, Anicius Manlius Severinus, *Fundamentals of Music* [*De institutione musica*], trans. Calvin M. Bower, New Haven, Yale University Press, 1989.

Bonds, Mark Evan, *Music as Thought: Listening to the Symphony in the Age of Beethoven,* Princeton, Princeton University Press, 2006.〔マーク・エヴァン・ボンズ『聴くことの革命——ベートーヴェン時代の耳は「交響曲」をどう聴いたか』近藤譲・井上登喜子訳、アルテスパブリッシング、2015年。〕

Bruhn, Siglind (ed.), *Voicing the Ineffable: Musical Representations of Religious Experience,* Hillsdale, Pendragon Press, 2002.

Budd, Malcolm, *The Aesthetic Appreciation of Nature: Essays on the Aesthetics of Nature,* New York, Oxford University Press, 2002.

——, "Music as an Abstract Art," in *Values of Art: Pictures, Poetry and Music,* London, Penguin Press, 1995, pp. 124–171.

Carroll, Noel, "Notes on Movie Music," in *Theorizing the Moving Image,* Cambridge, University of Cambridge Press, 1996, pp. 139–145.

Catherine of Siena, *The Dialogue,* trans. Suzanne Noffke, New York, Paulist Press, 1980.〔シエナの聖カタリナ『対話』岳野慶作訳、中央出版社、1988年。〕

Chua, Daniel K. L., *Absolute Music and the Construction of Meaning,* Cambridge, Cambridge University Press, 1999.

Cobussen, Marcel, *Thresholds: Rethinking Spirituality through Music,* Aldershot, Ashgate, 2008.

Confucius, *The Analects,* trans. and ed. D. C. Lau, New York, Penguin Books, 1979.〔孔子『論語』金谷治訳注、岩波文庫、1963年、改版1999年。〕

Coomaraswamy, Ananda Kentish, *The Dance of Siva: Fourteen Indian Essays,* New York, Sunwise Tum, 1918.

Cross, Craig, *The Beatles: Day-By-Day, Song-By-Song, Record-By-Record,* Lincoln, iUniverse, 2005.

Crowther, Paul, *Defining Art, Creating the Canon: Artistic Value in an Era of Doubt,* Oxford, Clarendon Press, 2007.

——, *The Kantian Sublime: From Morality to Art,* Oxford, Oxford University Press, 1986.

Currey, Josiah Seymour, *Abraham Lincoln's Visit to Evanston in 1860,* Evanston, City National Bank, 1914.

Currie, Gregory, "Art for Art's Sake in the Old Stone Age," *Postgraduate Journal of Aesthetics,* 6, 2009, pp. 1–23.

Davies, Stephen, *Musical Understandings and Other Essays on the Philosophy of Music,* Oxford, Oxford University Press, 2011.

Delamain, Jacques, *Why Birds Sing,* trans. Ruth Sarason and Anna Sarason, New York, Coward-McCann, 1931.〔ジャック・ドラマン『鳥はなぜ歌う』石川湧訳、三笠書房、1941年、復刻版、新思索社、2008年。〕

Derrida, Jacques, *Acts of Religion,* ed. Gil Anidjar, New York, Routledge, 2001.

Dickens, Charles, *A Christmas Carol: In Prose: Being a Ghost Story of Christmas,* London, Chapman & Hall, 1843.〔チャールズ・ディケンズ『クリスマス・キャロル』村岡花子訳、新潮文庫、1952年、新装版2011年。〕

Dissanayake, Ellen, *What is Art For?,* Seattle, University of Washington Press, 1988.

Dreyfus, Hubert L., *On the Internet,* London and New York, Routledge, 2001.〔ヒューバート・L・ドレイファス『インターネットについて——哲学的考察』石原孝二訳、産業図書、2002年。〕

Dutton, Denis, "But They Don't Have Our Concept of Art," *The Art Instinct: Beauty, Pleasure, and Human Evolution,* Oxford, Oxford University Press, 2009, pp. 64–84.

Elson, Louis Charles, *Shakespeare in Music: A Collation of the Chief Musical Allusions in the Plays of Shakespeare, Boston,* L. C. Page, 1900.

Everett, Walter, *The Beatles as Musicians: Revolver Through the Anthology,* New York, Oxford University Press, 1999.

Feld, Steven, *Sound and Sentiment: Birds, Weeping, Poetics, and Song in Kaluli Expression,* Philadelphia, University of Pennsylvania Press, 1982.〔スティーブン・フェルド『鳥になった少年――カルリ社会における音・神話・象徴』山口修・卜田隆嗣・山田陽一・藤田隆則訳、平凡社、1988年。〕

Fergusson, Robert, *The Works of Robert Fergusson,* Edinburgh, Abernethy & Walker, 1805.

Fink, Robert, *Repeating Ourselves: American Minimal Music as Cultural Practice,* Berkeley, University of California Press, 2005.

Gell, Alfred, "The Technology of Enchantment and the Enchantment of Technology," in *Anthropology, Art and Aesthetics,* eds. Jeremy Coote and Anthony Shelton, Oxford, Oxford University Press, 1992, pp. 40–66.

Gioia, Ted, *The Imperfect Art: Reflections on Jazz and Modern Culture,* New York, Oxford University Press, 1988.

Goldie, Peter, "Emotion, Feeling, and Knowledge of the World," in *Thinking about Feeling: Contemporary Philosophers on Emotions,* ed. Robert C. Solomon,Oxford, Oxford University Press, 2004, pp. 91–106.

Goodman, Nelson, "How Buildings Mean," *Critical Inquiry,* 11, 1985, pp. 642–653.

Gracyk, Theodore, "The Sublime and the Fine Arts," in *The Sublime: From Antiquity to the Present,* ed. Timothy M. Costelloe, Cambridge, Cambridge University Press, 2012, pp. 217–229.

――, "Music's Worldly Uses," in *Arguing about Art: Contemporary Philosophical Debates,* eds Alex Neill and Aaron Ridley, 3rd ed., London and New York, Routledge, 2007, pp. 135–148.

Guido of Arezzo, *Guido D'Arezzo's Regule rithmice, Prologus in antiphonarium, and Epistola ad michahelem: A Critical Text and Translation,* ed. and trans. Dolores Pesce, Ottawa, Institute of Mediaeval Music, 1999.

Hamilton, Andy, *Aesthetics and Music,* London and NewYork, Continuum, 2007.

Hanslick, Eduard, *On the Musically Beautiful,* trans. Geoffrey Payzant, Indianapolis, Hackett, 1986.〔エドゥアルト・ハンスリック『音楽美論』渡辺護訳、岩波文庫、1960年。〕

Hardy, Thomas, *Far from the Madding Crowd,* London, Smith, Elder, & Co., 1874.〔トーマス・ハーディ『遥か群衆を離れて』高畠文夫訳、角川書店、1969年。〕

Hart, Mickey with Stephen Jay, *Drumming at the Edge of Magic: A Journey into the Spirit of Percussion,* San Francisco, HarperCollins, 1990.〔ミッキー・ハート、ジェイ・スティーヴンス（協力）『ドラム・マジック――リズム宇宙への旅』佐々木薫訳、工作舎、1994年。〕

Heine, Heinrich, *Heine's Poems,* ed. Carl Edgar Eggert, Boston, Ginn & Company, 1906.

Hesiod, *Works and Days,* trans. David W. Tandy and Walter C. Neale, Berkeley, University of California Press, 1996.〔ヘーシオドス『仕事と日』松平千秋訳、岩波文庫、1986

年。〕
Higgins, Kathleen, *The Music between Us: Is Music a Universal Language?* Chicago, University of Chicago Press, 2012.
——, "Refined Emotion in Aesthetic Experience: A Cross-Cultural Comparison," in *Aesthetic Experience,* eds Richard M. Shusterman and Adele Tomlin, New York, Routledge, 2008, pp. 106-126.
Hill, Peter and Nigel Simeone, *Olivier Messiaen: Oiseaux exotiques,* Aldershot, Ashgate, 2007.
Hoffmann, E. T. A., "Beethoven's Instrumental Music," trans. William Oliver Strunk, in *Source Readings in Music History* rev. ed., eds William Oliver Strunk and Leo Treitler, New York, W. W. Norton, 1998, pp. 1193–1198〔E・T・A・ホフマン「ベートーヴェンの器楽」、『ホフマン全集』第 1 巻、深田甫訳、創土社、1976 年、85–100 頁。〕
Homer, *The Odyssey,* trans. Robert Fagles, New York, Penguin, 1996.〔ホメロス『オデュッセイア』上下、松平千秋訳、岩波文庫、1994 年。〕
Hume, David, *Selected Essays,* eds Stephen Copley and Andrew Edgar, Oxford, Oxford University Press, 1993.〔デイヴィッド・ヒューム「趣味について」、『ヒューム 道徳・政治・文学論集　完訳版』田中敏弘訳、名古屋大学出版会、2011 年。〕
James, William, *The Varieties of Religious Experience: A Study in Human Nature,* The Works of William James, Vol. 15, eds Frederick H. Burkhardt, Fredson Bowers, and Ignas K. Skrupskelis, Cambridge, Harvard University Press, 1985.〔ウィリアム・ジェイムズ『宗教的経験の諸相』上下、桝田啓三郎訳、岩波文庫、1969–70 年。〕
Kania, Andrew, "Definition," in *The Routledge Companion to Philosophy and Music,* eds Theodore Gracyk and Andrew Kania, London and New York, Routledge, 2011, pp. 3–13.
Kant, Immanuel, *Critique of Judgment,* trans. Werner S. Pluhar, Indianapolis, Hackett, 1987.〔イマヌエル・カント『判断力批判』熊野純彦訳、作品社、2015 年。〕
Karnes, Kevin C., *Music, Criticism, and the Challenge of History: Shaping Modem Musical Thought in Late-Nineteenth-Century Vienna,* New York, Oxford University Press, 2008.
Kastin, David, *Nica's Dream: The Life and Legend of the Jazz Baroness,* New York, W. W. Norton, 2011.
Kennedy, Michael, *The Oxford Dictionary of Music,* Oxford, Oxford University Press, 1985.
Kivy, Peter, *Music, Language, and Cognition,* Oxford, Clarendon Press, 2007.
——, *Music Alone: Philosophical Reflections on the Purely Musical Experience,* Ithaca, Cornell University Press, 1990.
——, "Aesthetic Aspects and Aesthetic Qualities," *The Journal of Philosophy,* 65, 1968, pp. 85–93.
Kubler, George, *The Shape of Time,* New Haven, Yale University Press, 1962.〔ジョージ・クブラー『時のかたち』中谷礼二・田中伸幸・加藤哲弘訳、鹿島出版会、2018 年。〕
Kumar, Raj, *Essays on Indian Music,* New Delhi, Discovery Publishing, 2003.

Larkin, Philip, *All What Jazz: A Record Diary,* 1961-68, New York, St Martin's Press, 1970.

Laski, Marghanita, *Ecstasy: A Study of Some Secular and Religious Experiences,* New York, Greenwood Press, 1976.

Leach, Elizabeth Eva, *Sung Birds: Music, Nature, and Poetry in the Later Middle Ages,* Ithaca, Cornell University Press, 2007.

Lebrecht, Norman, *The Life and Death of Classical Music: Featuring the 100 Best and 20 Worst Recordings Ever Made,* New York, Anchor Books, 2007.

Lesser, Wendy, *Music for Silenced Voices: Shostakovich and His Fifteen Quartets,* New Haven, Yale University Press, 2011.

Levinson, Jerrold, *Music in the Moment,* Ithaca: Cornell University Press, 1997.

Levitin, Daniel J., *This Is Your Brain on Music: The Science of a Human Obsession,* New York, Penguin, 2006.〔ダニエル・J・レヴィティン『音楽好きな脳――人はなぜ音楽に夢中になるのか』西田美緒子訳、白揚社、2010 年。〕

Lyotard, Jean-François, *Lessons on the Analytic of the Sublime: Kant's Critique of Judgment*, trans. Elizabeth Rottenberg, Stanford, Stanford University Press, 1994.

――, *The Postmodern Condition: A Report on Knowledge,* trans. Geoff Bennington and Brian Massumi, Minneapolis, University of Minnesota Press, 1984.〔ジャン゠フランソワ・リオタール『ポスト・モダンの条件――知・社会・言語ゲーム（叢書言語の政治 1)』小林康夫訳、水声社、1989 年。〕

McFee, Graham, "Meaning and the Art-Status of 'Music Alone,' " *British Journal of Aesthetics,* 37, 1997, pp. 31–46.

Mersenne, Marin, Harmonie Universelle, contenant la théorie et la pratique de la musique, Paris, Cramoisy, 1636.

Mitias, Michael H., *Philosophy and Architecture,* Amsterdam, Rodopi, 1994.

Mothersill, Mary, "Sublime," in *A Companion to Aesthetics,* 2nd ed., eds David Cooper, Stephen Davies, Kathleen Higgins, Robert Hopkins and Robert Stecker, Oxford, Wiley-Blackwell, 2009, pp. 547–551.

Neill, Alex, "Schopenhauer on Tragedy and the Sublime," in *A Companion to Schopenhauer,* ed. Bart Vandenabeele, Malden, Wiley-Blackwell, 2012, pp. 206–218.

Neill, Alex and Aaron Ridley, "Religious Music for Godless Ears," *Mind* 119, 2010, pp. 999–1023.

Nietzsche, Friedrich, *Twilight of the Idols, or, How to Philosophize with a Hammer,* trans. Richard Polt, Indianapolis, Hackett, 1997.〔フリードリッヒ・ニーチェ『ニーチェ全集〈14〉偶像の黄昏 反キリスト者』原佑訳、ちくま学芸文庫、1994 年。〕

Plato, *Plato: Complete Works,* ed. John M. Cooper, Indianapolis, Hackett Publishing, 1997.〔プラトン『プラトン全集』田中美知太郎・藤沢令夫編、岩波書店、1974–1978 年。〕

Prinz, Jesse J., *Gut Reactions: A Perceptual Theory of Emotion,* New York, Oxford University Press, 2004.〔ジェシー・プリンツ『はらわたが煮えくりかえる——情動の身体知覚説』源河亨訳、勁草書房、2016年。〕

Rameau, Jean Philippe, *The Complete Theoretical Writings,* Vol. 1, ed. Erwin R. Jacobi, Rome, American Institute of Musicology, 1967.

Ratliff, Ben, *Coltrane: The Story of a Sound,* New York, Picador, 2007.〔ベン・ラトリフ『ジョン・コルトレーン——私は聖者になりたい』川嶋文丸訳、スペースシャワーネットワーク、2008年。〕

"Reviews," *Musical News,* 9, 1895, pp. 278–279.

Robinson, Jenefer, *Deeper than Reason: Emotion and its Role in Literature, Music, and Art,* New York, Oxford University Press, 2007.

Rognoni, Luigi, *Gioacchino Rossini,* Turin, ERI, 1968.

Rothenberg, David, *Why Do Birds Sing? A Journey into the Mystery of Birdsong,* New York, Basic Books, 2006.

Rousseau, Jean-Jacques, *Basic Political Writings,* trans. Donald A. Cress, Indianapolis, Hackett Publishing, 1987.

Sacks, Oliver, *Musicophilia: Tales of Music and the Brain,* New York, Alfred A. Knopf, 2007.〔オリヴァー・サックス『音楽嗜好症——脳神経科医と音楽に憑かれた人々』大田直子訳、早川書房、2010年。〕

Schiller, Friedrich von, *Naive and Sentimental Poetry, and On the Sublime,* trans. Julius A. Elias, New York, Ungar, 1967.〔フリードリヒ・フォン・シラー『世界文学大系〈第18〉シラー　詩・犯罪者・素朴文学と有情文学について・崇高について・世界とは何か・群盗・たくらみと恋・オルレアンの処女・ドンカルロス』手塚富雄ほか訳、筑摩書房、1959年。〕

Schopenhauer, Arthur, *The World as Will and Representation,* 2 vols, trans. Eric F. J. Payne, New York, Dover, 1969.〔アルトゥール・ショーペンハウアー『ショーペンハウアー全集6　意志と表象としての世界 続編II』塩屋竹男・岩波哲男・飯島宗享訳、白水社、1996年、新装復刊2004年。〕

Sengupta, Pradip Kumar, *Foundations of Indian Musicology* (Perspectives in the Philosophy of Art and Culture), New Delhi, Abhinav, 1991.

Senner, Wayne M., Robin Wallace, and William Rhea Meredith (eds), *The Critical Reception of Beethoven's Compositions by His German Contemporaries*, Vol. 2, Lincoln and London, University of Nebraska Press, 2001.

Shankar, Ravi, *My Music, My Life,* New York, Simon & Schuster, 1968.〔ラヴィ・シャンカル『わが人生わが音楽』小泉文夫訳、河出書房新社、2013年。〕

Siblin, Eric, *The Cello Suites: J. S. Bach, Pablo Casals, and the Search for a Baroque Masterpiece,*

New York, Atlantic Monthly/Grove, 2009.〔エリック・シブリン『「無伴奏チェロ組曲」を求めて――バッハ、カザルス、そして現代』武藤剛史訳、白水社、2011年。〕
Solomon, Robert C., *The Passions: Emotions and the Meaning of Life,* New York, Doubleday, 1976.
Steiner, Rudolf, *The Inner Nature of Music and the Experience of Tone: Selected Lectures from the Work of Rudolf Steiner,* Spring Valley, N. Y., Anthroposophic Press, 1983.〔ルドルフ・シュタイナー『音楽の本質と人間の音体験』西川隆範訳、イザラ書房、1993年。〕
Tamm, Eric, *Robert Fripp: From King Crimson to Guitar Craft,* London, Faber & Faber, 1990.〔エリック・タム『ロバート・フリップ――キング・クリムゾンからギタークラフトまで』塚田千春訳、JICC出版局、1993年。〕
Taruskin, Richard, *Music in the Seventeenth and Eighteenth Centuries: The Oxford History of Western Music,* Oxford, Oxford University Press, 2010.
Taylor, Deems, *Walt Disney's Fantasia,* New York, Simon & Schuster, 1940.
Thorn, Paul, *For an Audience: A Philosophy of the Performing Arts,* Philadelphia, Temple University Press, 1993.
Tormey, Alan, *The Concept of Expression: A Study in Philosophical Psychology and Aesthetics,* Princeton, Princeton University Press, 1971.
Tudge, Colin, *The Secret Life of Birds: Who They Are and What They Do,* New York, Penguin, 2008.〔コリン・タッジ『鳥――優美と神秘、鳥類の多様な形態と習性』黒沢令子訳、シーエムシー、2012年。〕
Tufail, Ibn (Abu Bakr ibn al-Tufail), *The Improvement of Human Reason, Exhibited in the Life of Hai Ebn Yokdhan,* trans. Simon Ockley, London, Powell & Morphew, 1708.
Twain, Mark, *The Autobiography of Mark Twain,* ed. Harriet Elinor Smith, Vol. I, Berkeley, University of California Press, 2010.〔マーク・トウェイン『マーク・トウェイン　完全なる自伝〈Volume 1〉』和栗了・市川博彬・永原誠・山本祐子・浜本隆三訳、柏書房、2013年。〕
Van der Merwe, Peter, *Roots of the Classical: The Popular Origins of Western Music,* New York, Oxford University Press, 2005.
Wagner, Richard, *Wagner on Music and Drama: A Compendium of Richard Wagner's Prose Works,* eds Albert Goldman and Evert Sprinchorn, New York, E. P. Dutton, 1964; reprinted New York, Da Capo, 1981.
Waldman, Diane, *Mark Rothko, 1903-1970: A Retrospective,* New York, Henry N. Abrams, 1978.
Walton, Kendall L., "Categories of Art," *The Philosophical Review,* 79, 1970, pp. 334–367.〔ケンダル・ウォルトン「芸術のカテゴリー」森功次訳、電子出版物、2015年、最終閲覧2018年11月15日　https://note.mu/morinorihide/n/ned715fd23434〕
Wenner, Jann S., *Lennon Remembers,* New York, Verso, 2000.〔ヤーン・ウェナー『レノン・

リメンバーズ』片岡義男訳、草思社、2001 年。〕
Williams, Peter, “BWV565: A Toccata in D minor for Organ by J. S. Bach?,” *Early Music,* 9, July 1981, pp. 330-337.
Wittgenstein, Ludwig, *Tractatus Logico-Philosophicus,* trans. C. K. Ogden, London: Routledge & Kegan Paul, 1922.〔ルートヴィヒ・ウィトゲンシュタイン『論理哲学論考』野矢茂樹訳、岩波文庫、2003 年。〕
——, *Philosophical Investigations,* trans. G. E. M. Anscombe, Oxford, Basil Blackwell, 1953.〔ルートヴィヒ・ヴィトゲンシュタイン『哲学探究』丘沢静也訳、岩波書店、2013 年。〕
Wolff, Robert Paul, *The Ideal of the University,* Boston, Beacon, 1969.
Wordsworth, William. “Preface,” *Lyrical Ballads: 1798 and 1802,* ed. Fiona Stafford, Oxford, Oxford University Press, 2013.
Wurth, Kiene Brillenburg, *Musically Sublime: Indeterminacy, Infinity, Irresolvability,* New York, Fordham University Press, 2009.
Yrizarry, Natllan, et al., “Culture and Emotion,” in Cross-Cultural Topics in *Psychology,* eds Leonore Loeb Adler and Uwe Peter Gielen, Westport, Praeger, 2001, 2nd ed., pp. 131–147.
Zappa, Frank with Peter Occhiogrosso, *The Real Frank Zappa Book,* New York, Poseidon, 1989.〔フランク・ザッパ、ピーター・オチオグロッソ『フランク・ザッパ自伝』茂木健訳、河出書房新社、2004 年。〕